KB197493

제국의 설계자

일러두기

1. 16장은 저자가 한국어판을 위해 추가 집필한 글로, 원문에는 포함되어 있지 않습니다.

2. '역자 노트'는 번역자가 본문의 이해를 돕기 위해 별도로 집필한 글입니다.

3. '역자 노트'의 참고 자료는 본문 뒤에 별도로 표기했습니다.

4. 본문의 주석은 모두 역자 주입니다.

제국의 설계자

테일러 스위프트의
비즈니스 레슨

크리스토퍼 마이클 우드 지음
플랫폼 9와 3/4 옮김

piper
press

열정의 제국을
설계하다

테일러 스위프트Taylor Swift의 재능과 영향력에 대해 처음 제
대로 인식하게 된 것은 「데이비드 레터맨 쇼Late Night with David
Letterman」의 조명 프로그래머로 일할 때였다. 스위프트는 2010년부
터 쇼가 막을 내린 2015년까지 에드 설리번 극장을 오가며 두 차
례 콘서트를 선보였다. 레터맨 쇼에도 여러 차례 출연해 인터뷰하
고, 공연을 펼쳤다. 특히 음악적 전환점이 된 앨범 『레드Red』(2012)
와 『1989』(2014)의 발매에 맞춰 특별 공연을 했다. 이 시기에 스위
프트는 팝 스타에서 글로벌 아이콘으로 도약했다. 그의 음악 인생에
서 중대한 시기를 직접 목격한 것은 나에게 큰 행운이었다.

이전에도 스위프트를 알고 있었지만, 콘서트에 임하는 그의 태

도와 팬들의 반응을 경험하면서 아티스트로서 스위프트의 역량과 영향력을 완전히 새롭게 인식하게 되었다. 텔레비전 방송과 라이브 음악 분야에서 20년 동안 일했지만 스위프트만큼 관객을 사로잡는 무대는 본 적이 없었다.

스위프트의 음악 인생은 몇 개의 히트곡과 무대만으로 설명할 수 없다. 스타로서의 모습 뒤에는 펜실베이니아 시골 소녀의 큰 꿈을 정교하게 엮은 태피스트리tapestry1가 숨겨져 있다. 10대 소녀였던 그의 시선은 고향을 떠나 더 큰 세상을 향하고 있었고, 뜨거운 야망이 소녀를 그곳으로 이끌었다. 이 책은 음악 차트 정상을 차지한 가수의 평범한 이야기가 아니다. 다듬어지지 않은 음악적 재능과 비즈니스 천재의 전략이 만나 복잡하게 상호 작용하는 이야기다.

'1989'는 스위프트의 다섯 번째 앨범 제목이자, 그가 태어난 해다. 어린 시절 스위프트가 기타 연주를 하던 펜실베이니아의 작은 거리가 글로벌 슈퍼스타의 출발점이 될 줄은 아무도 예상하지 못했다. 초창기 기타 선율과 노래는 그의 잠재력을 암시하고 있었지만, 음악은 스위프트라는 프리즘을 통해 펼쳐지는 여러 색깔 중 하나에 불과했다. 화음과 음표는 그의 잠재력을 알리는 작은 신호에 지나지 않았고 그 너머에는 '스위프트 제국'의 청사진을 그리는 '설계자'가 있었다.

---

1   여러 색상의 실을 사용해 다양한 디자인과 무늬를 만드는 직물 예술이다. 이 책에서는 음악가이자 기업가로서 스위프트가 이룬 복합적이고 다양한 성과와 전략의 총합을 의미하는 비유적 표현으로 자주 사용된다.

스위프트의 진정한 천재성은 타고난 스토리텔링 감각에 있다. 어쩌면 그의 스토리텔링 역량이 음악적 재능을 능가할지도 모른다. 그는 노래를 작곡하는 것에 그치지 않고, 강력한 내러티브를 창조한다. 팬들의 마음을 움직이는 것을 본능적으로 파악하고, 그들이 듣고 싶어하는 음악뿐 아니라 느끼고 싶어하는 감정과 세계관까지 깊이 이해했다. 그는 이러한 팬들과의 유대를 자신의 브랜드에 세련되게 접목시켰다.

'테일러 스위프트' 브랜드는 음악에만 의존하지 않는다. 그의 '정체성'과 '상징성'에 기반한다. 개인적인 이야기를 보편적인 정서로 녹여내고, 이를 다시 시장성 있는 정체성으로 바꾸어내는 스위프트만의 탁월한 역량에서 출발한다. 레딩의 한 뮤지션이 수백만 명의 추앙을 받는 글로벌 아이콘으로 성장한 이 '정체성의 여정Journey of Identity'이야말로 테일러 스위프트 현상을 가장 잘 함축한 표현일 것이다.

브랜딩이라고 하면 대개 실리콘밸리의 빅테크 기업이나 맥도날드의 로고 M을 떠올린다. 기업들은 누구나 알아볼 수 있는 로고를 만들어내기 위해 막대한 자원을 쏟아붓는다. 그러나 이 공식은 테일러 스위프트에게는 맞지 않는다.

스위프트는 음악 시장의 브랜딩 공식을 새롭게 썼다. 데뷔 앨범은 단순한 신곡 모음이 아니라 전략적으로 설계된 음반이었다. 스위프트는 앨범을 통해 자신의 '정체성'과 '내러티브'를 구축했다. 그는 향수를 불러일으키는 컨트리 장르에 현대적인 감성을 더해, 새롭고도 익숙한 음악을 창조했다. 스위프트는 앨범을 출시한 것이 아니라 브랜드를 선보인 것이다. 그는 잠깐의 스타덤이 아닌, 빌보드 차트를 넘어 지속 가능한 반향을 일으킬 무언가를 준비하기 시작했다.

시간이 흐르면서 스위프트의 음악 레퍼토리는 변화하기 시작한다. 작은 속삭임처럼 시작된 이 변화는 컨트리 음악의 소박한 매력에서 생동감 넘치는 전자 비트로 이동했다. 장르의 변신은 전략적 판단이 반영된 움직임이었다. 많은 아티스트들이 음악적 전환을 두려워할 때, 스위프트는 세상의 흐름을 기민하게 수용했다. 또한 그 과정에서 새롭게 참여하는 팬들을 존중했다. 그의 음악적 변신은 갑작스러운 리브랜딩이 아니라, 시간이 흐르며 자연스럽게 이루어진 의도적 진화였다. 그가 발표하는 각 앨범은 테일러 스위프트의 '핵심 정체성 core identity'을 유지하며 진화하고 있다는 선언문이었다. 모든 앨범은 유기적으로 연결되어 '테일러 스위프트'라는 브랜드를 구축했다.

스위프트의 브랜드 전략에서 제품은 한 부분에 불과하다. 진정한 브랜드의 힘은 고객의 공감을 이끌어낼 수 있는 능력에 있다. 음악 시장에서 아티스트와 팬들과의 유대 관계는 팬들의 열정과 헌신, 그리고 심장 박동으로 만들어진다. 스위프트와 '스위프티Swifties'2의 공생 관계는 그 자체로 하나의 '현상'이다. 마치 커뮤니티의 형성부

---

2   테일러 스위프트의 열정적인 팬들을 지칭하는 명칭으로, 2008년경부터 사용되기 시작했다. 2012년 스위프트가 공식적으로 팬들을 지칭할 때 이 용어를 사용하며 널리 퍼졌다. 이 명칭은 팬들이 스스로를 스위프트와 동일시할 정도로 깊은 유대감을 갖고 있다는 점을 보여준다.

터 팬들의 참여, 충성도가 어우러진 라이브 방송을 보는 것 같다.

스위프트와 팬들의 관계는 일반적인 음악 산업의 틀을 초월했다. 스위프트는 팬의 집을 깜짝 방문하거나 손편지를 전하는 방식으로 팬들과 대화했다. 이들의 관계는 앨범 판매나 콘서트 수익에 뿌리 두지 않는다. 그들은 새로운 세계를 창조하고 있다. 그 세계에서 스위프티는 소중하고 매우 가치 있는 존재로, 스위프트의 성장 스토리를 함께 써 내려가는 '공동 작가들co-authors'이다. 스위프티 개개인이 문제가 아니었다. 중요한 것은 이들이 함께 만들어내는 공동체였다.

음악 산업 세계는 변화무쌍하다. 차트 정상에 오른 싱글이나 매진된 콘서트보다 아티스트와 팬들이 만드는 유대감이 더 중요하다. 그것이 실제 아티스트의 성패를 결정하기 때문이다. 기업 단위로 시선을 넓혀보자. 기업은 시장 변화와 예기치 못한 논란, 때로는 스스로 자초한 위기를 극복해야 할 때가 많다. 엔터테인먼트 업계도 마찬가지다. 한 장의 앨범이나 잘못된 인터뷰가 힘겹게 쌓아온 평판을 한순간에 무너뜨릴 수 있다.

이때 중요한 전략이 충성심 강한 '팬 커뮤니티'를 구축하는 일이다. 이는 단순한 팬층을 넘어, 집단적으로 열정을 다해 활동하며, 복음주의 신도들처럼 '나의 아티스트'를 위해 헌신적으로 지원하는 공동체를 의미한다. 핵심은 일시적인 온라인 참여나 굿즈 판매량이 아니다. 팬들이 자신들보다 더 큰 무언가의 일부라고 느낄 수 있도록 '무언의 협정'을 맺는 것이다.

스위프티는 평범한 팬덤fandom이 아니다. '우정 공동체fellowship'3

에 가깝다. 이들은 폭풍이 몰아칠 때도 자신들이 지지하는 브랜드를 보호하기 위해 목소리를 높인다. 아티스트가 정상의 자리에 있을 때만 환호하지 않고, 어려운 시기에도 응원과 지지를 아끼지 않는다. 이러한 관점에서 아티스트는 음악만 만드는 것이 아니라 생태계를 건설한다고 볼 수 있다. 이것이 엔터테인먼트 업계에서 요구하는 '회복 탄력성resilience'의 핵심 요소다.

아티스트들은 여론의 흐름에 따라 쉽게 잊히곤 한다. 그래서 데뷔 후 18년 동안 정상의 자리를 지켜온 스위프트의 플레이북은 전략적으로 분석할 가치가 있다.

이 책은 예술적 협업의 복잡한 지형도 탐구한다. 대부분의 듀엣이 음악적 만남으로 보일 수 있지만, 스위프트의 협업은 전략적이다. 다양한 음악 시장에 자신을 포지셔닝하기 위해 파트너를 결정했다. 다양한 협업 사례는 그의 기민함과 지속적으로 진화하는 브랜드 특성을 잘 보여준다.

스위프트의 비즈니스 감각을 음악 영역에만 국한해서는 안 된다. 그는 녹음실과 콘서트 무대를 벗어나, 다양한 영역에 도전하며 자신의 내러티브를 확장해 왔다. 스위프트는 예측 불가능한 쇼 비즈니스에서 스포트라이트가 언제든 바뀔 수 있다는 것을 인식했다. 그의 활동은 일시적인 호기심이 아니라, 브랜드의 다양성을 부각하기

---

3 스위프트와 스위프티의 특별한 관계를 상징하는 도구 중 하나가 '우정 팔찌'다. 펠로우십은 흔히 유대감 또는 유대감을 공유하는 공동체로 번역되지만, 이 책에서는 이들의 특별한 동반자 관계를 의미하기 위해 '우정 공동체'로 번역했다.

위해 철저히 계산된 선택이었다. 스위프트가 만드는 세계는 음악에만 국한된 것이 아니라, 다채로운 요소로 구성된 제국이다. 이러한 전략은 문화적 시대정신이 계속 변해도, 스위프트가 언제나 그 중심에서 번성할 수 있도록 하는 닻 역할을 했다.

스위프트의 여정에서 주목할 또 다른 부분은 음악 산업 거물들과의 대결이다. 스위프트의 투쟁은 엔터테인먼트 산업의 화려함 뒤에 숨겨진 냉혹한 현실을 드러냈다. 그는 거대한 스트리밍 기업들에 맞서 자신의 창작물이 상품화되는 것을 막기 위한 싸움을 했다. 이는 수익을 위한 것이 아니라, 아티스트의 원칙과 가치를 위한 싸움이었다. 음악 인생의 정점에 서 있던 아티스트가 거대 유통 채널에 두려움 없이 도전했다. 스위프트는 소외될 각오를 하고 자신의 신념을 위해 용감히 일어선 것이다.

이야기는 여기서 끝나지 않는다. 과거 앨범 소유권을 둘러싼 분쟁은 최성상급 아티스트도 직면할 수 있는 취약점을 드러냈다. 기존 앨범을 재녹음하기로 한 스위프트의 결단은 자신의 디스코그래피discography4에 대한 권리를 되찾게 한 동시에, 과거의 제약에서 벗어나 새로운 스타일로 히트곡들을 재탄생시켰다. 스위프트는 남들

---

4   아티스트, 레코드 회사 등의 모든 음반과 관련 정보를 체계적으로 정리한 목록을 의미한다. 정규 앨범, EP, 싱글, 라이브 앨범, 컴필레이션 앨범 등이 포함될 수 있으며, 발매 연도, 레이블, 주요 곡들, 앨범의 성격과 음악적 변화를 설명하는 정보가 함께 수록되기도 한다. 디스코그래피는 아티스트의 음악적 경로와 진화를 이해하는 데 중요한 자료로 활용된다.

의 말에 굴복하지 않고 자신의 이야기를 했고 서사의 주도권을 되찾아왔다. 이를 통해 업계와 팬들에게 자신의 정체성과 핵심 가치를 고수하며 진화할 것이라는 강력한 메시지를 던졌다.

변화하는 음악 산업에서 가장 어려운 도전은 '동시대성을 유지'하는 것이다. 신인 아티스트들이 파도처럼 밀려왔다가 사라지는 엔터테인먼트 업계에서, 지속적으로 동시대성을 유지하려면 진화할 준비와 문화적 시대정신에 대한 이해가 필요하다. 스위프트는 앨범 발매 시기와 내용에서 동시대성을 유지했을 뿐 아니라, 트렌드를 선도했다. 스스로를 재창조하는 그의 능력은 본질에 충실하면서도 혁신을 일으킨다.

테일러 스위프트의 여정은 재창조와 진화의 마스터 클래스master class다. 그는 앨범을 발매하고 새로운 장을 열 때마다, 음악 산업의 트렌드를 반영하는 데 그치지 않았다. 새로운 트렌드를 만드는 촉매제나 그 시작을 알리는 강력한 힘으로 작용했다. 스위프트는 적응하는 것에 머물지 않고, 변화에 적극적으로 조응하며 스스로를 재창조했다. 아마도 이 점이 모든 아티스트와 브랜드에 가장 큰 교훈이 될 것이다. 디지털 시대의 집중력 부족과 급변하는 트렌드 환경 속에서 진정한 마법은 정체성을 지키며 스스로를 재창조하는 데 있기 때문이다.

테일러 스위프트는 수많은 히트곡, 중독성 있는 후렴구, 그리고 화려한 콘서트 무대로 기억될 것이다. 하지만 그의 여정을 비즈니스의 관점에서 보면, 기업가로서 남긴 유산이 얼마나 대단한지 알 수 있다. 재능과 전략이 결합할 때, 어떻게 하나의 글로벌 제국이 건설되는지 배울 수 있다. 이 책은 전략과 브랜드, 그리고 열정을 바탕으로 세워진 제국의 이야기다. 비즈니스에 도전하며 테일러 스위프트의 마법 같은 손길을 기대하는 모든 이들에게 이 책이 교과서가 되기를 바란다.

기업가 테일러 스위프트를 한국에 소개하며

   이 책은 전략 컨설팅 회사 「플랫폼 9와 3/4」의 세 번째 전략서다. 우리는 스스로를 'Narrative Makers', 즉 이야기의 설계자들이라고 정의한다. 기업의 가치와 비전, 리더의 정체성을 새롭게 설명할 내러티브와 전략을 설계하는 일이 우리의 핵심 미션이다. 이를 위해 매일 아침 내외신 기사와 다양한 아티클을 공부하고 사례를 발굴한다. 영화와 전시, 서점을 찾아다니고 때로는 새로운 도시로 인사이트 워크숍을 떠나기도 한다. 수많은 전략과 메시지, 리더십과 플레이북, 위기 관리와 솔루션이 우리의 원천 콘텐츠인 셈이다.

   지난해부터 '스위프트노믹스Swiftnomics'라는 경제 용어를 탄생시킨 스위프트 사례를 연구하면서, 우리는 아티스트가 아닌 기업가 테일러 스위프트의 모습에 주목하게 되었다. 스위프트는 대부분의 아티스트들과 달리 자신의 업을 직접 경영한다. 창작과 경영이 합쳐진 일체형 비즈니스 모델이다. 그는 스위프트 주식회사의 유일한 소속 가수이자 CEO이자 브랜드 매니저다. 보컬 능력에 의존하는 가수들이 대부분인 음악 시장에서 '스토리텔링 아티스트'라는 새로운 개념을 개척했다. 스위프트는 자신의 이미지와 브랜드를 철저히 관리하며 한 번도 통제권을 잃어본 적이 없다. 또한 자신의 음악적 자산을 지키기 위해 직접 싸우며 음악 시장의 룰을 바꿔버렸다. 이 과정에서 위기 관리의 핵심은 자기 서사를 주도하는 데 있다는 것을 보여주었다. 스위프트는 팬들과의 정서적 연결을 통해 강력한 팬덤을 구축하고 세계 최대 규모의 단일 소비 시장을 창출했다. 이는 자신의 브랜드 경쟁력과 창작물의 자산 가치를 정확히 인식한 CEO다운 행동이다.

스위프트의 「디 에라스 투어The Eras Tour」는 엔터테인먼트 산업의 새로운 가능성을 보여주었다. 대규모 몰입형 공연으로 막대한 수익을 창출하고, 브랜드 상품 판매와 영화로 다시 한 번 재생산해 추가적인 수익을 창출하는 혁신적인 비즈니스 모델을 제시했다. 특히 팬데믹 이후 오프라인 경험에 목 말랐던 대중을 겨냥한 월드 투어는 스위프트의 기업가적 감각이 돋보이는 기획이다. 팬들이 오랫동안 기다려온 라이브 콘서트는 보복 소비 심리를 자극하며 폭발적인 반응을 불러일으켰다. 스위프트는 글로벌 문화 현상으로 자리 잡았으며, 음악과 공연만으로 10억 달러 이상 자산을 모은 유일한 억만장자가 되었다.

심지어 2023년 아세안-호주 특별정상회의 기자회견장, 세계 정상들이 모인 공식 석상에서 리셴룽 싱가포르 총리는 「디 에라스 투어」에 대한 질문을 받았다. 스위프트의 싱가포르 독점 공연이 아세안의 지역 협력 정신을 훼손하는 것 아니냐는 우려가 제기된 것이다. 리셴룽 총리는 독점 계약 사실을 인정하면서도 주변국에 대한 적대 행위로 간주해서는 안 된다고 해명했다. 스위프트노믹스는 국익 다툼과 외교 갈등으로 번질 만큼 세계적 현상이 된 것이다. 2024년 3월, 스위프트는 싱가포르에서 6차례의 공연을 했고 주변국에서 몰려든 팬들로 싱가포르 경제는 특수를 누렸다. 경제 전문가들은 싱가포르의 경제 성장률 전망치를 상향 조정했다. 여러 국가 정상들은 지금도 스위프트에게 러브콜을 보내고 있다.

올해 미국 프로 미식 축구NFL 결승전 슈퍼볼도 '스위프트 효과'를 톡톡히 봤다. 이례적으로 건강·뷰티 등 여성을 겨냥한 광고가 쏟아졌다. 1억 2370만 명이라는 역대 최고의 시청자 수를 기록하기도 했다. 스위프트가 미식 축구 선수인 남자친구를 응원하러 경기장에 나타날 때마다 NFL은 행복한 비명을 질렀다. 여성 팬들의 유입은 NFL의 새로운 부흥기를 열었다. 미국의 유명 미식축구 스타 트래비스 켈시(캔자스시티 치프스)는 스위프트의 남자친구일 뿐이었다.

스위프트와 비교할 수 있는 성공 사례는 단연 BTS다. BTS도 강력한 팬덤 아미ARMY를 기반으로 글로벌 스타가 되었다. 꾸며진 모습이 아니라 진정성과 스토리텔링에 집중한 전략도 비슷하다. 방시혁 하이브HYBE 의장은 "가장 팬덤 친화적인 방법을 찾아 그것을 극단적으로 실천하는 것"이 전략이었다고 밝힌 적 있다. BTS는 데 뷔 싱글을 발표하기 전 유튜브 채널을 개설하고 앨범 비하인드 영상을 올렸다. BTS의 7명 멤버들은 개인의 소셜 미디어 계정을 직접 운영하며 팬들과 자주 소통했다. 또 가사를 직접 쓰고, 미래의 불확실성과 같은 취약성을 드러내며 개인적 고민을 가사로 털어놓는다. 방시혁은 팬들이 아티스트와 더욱 친밀하게 소통하고 콘텐츠를 소비하며 굿즈 구매까지 한 곳에서 할 수 있는 통합 생태계 '위버스 Weverse'를 만들었다. 스위프트가 자신이 아티스트인 사례라면 방시혁은 아티스트의 프로듀서인 경우다.

우리가 지금 스위프트를 공부해야 하는 이유는 그가 현대 비즈니스의 방법론과 동시에 미래 비즈니스의 핵심을 이미 구현하고 있기 때문이다. 스위프트는 2000년대 초반, 누구보다도 먼저 소셜 미디어를 활용해 팬덤을 구축한 인물이다. 그는 듣는 음악이 아닌 경험하는 음악을 통해 개인화된 팬 경험을 제공하며, 온라인과 오프라인을 통합한 피지털physital 경험을 관리하고 있다. 무엇보다도 스위프트가 이룬 가장 큰 레거시는 진정성과 자기 주도성이다. 그는 '자기다움'을 잃지 않고 가식 없이 솔직하게 자신을 드러낸다. 자기 삶과 음악을 주도적으로 이끌어왔고 스스로 결정하는 것을 중요하게 생각하며 실천해 왔다.

이를 단적으로 보여주는 장면이 미국 대선 후보 지지 선언이다. 스위프트는 예상치 못한 타이밍에 민주당 후보 카멀라 해리스 지지를 선언했다. 2024년 9월 10일 해리스와 도널드 트럼프의 TV

토론 직후, 캠페인의 결정적 국면이었다. 스위프트는 자신의 고양이 벤저민을 안고 찍은 사진과 함께 개인적 경험을 담은 글을 인스타그램에 올리며, 자기 생각을 분명하게 밝혔다. 트럼프와 일론 머스크는 크게 분노하며 그를 인신 공격했다. 한 가지는 분명하다. 두 후보를 제외하고 미국 대선에 가장 큰 영향을 미칠 수 있는 사람은 테일러 스위프트다. 그가 지지 선언을 한 후, 유권자 등록을 돕는 Vote.org의 방문자 수는 하루 평균 3만 명에서 40만 명으로 폭발적으로 증가했다. 게시물을 올린 지 24시간 만의 일이다. 우리나라에서도 『조선일보』가 1면 톱 사진으로 실을 정도로 큰 화제가 되었다. 스위프트는 글로벌 문화 아이콘에서 사회 변화를 위해 자기 목소리를 내는 영향력 있는 리더로 성장하며 또 하나의 새로운 시대를 열었다.

스위프트의 현재 모습에서는 여성들의 독립과 임파워먼트가 동시대를 대표하는 중요한 흐름임을 읽을 수 있다. 2024년 제66회 그래미 시상식에서 스위프트가 마일리 사이러스의 「플라워스 Flowers」공연에 맞춰 춤을 추는 장면은 이를 상징적으로 보여주는 순간이었다. 사이러스는 여덟 번의 도전 끝에 그래미상을 수상하며 카리스마 넘치는 공연을 펼쳤고 스위프트는 자유롭고 자신감있는 모습으로 동료를 축하했다. 「플라워스」는 연인과의 이별 후 회복 과정을 그리며 개인의 독립성과 자기 존중을 노래한 곡으로, 가사는 이렇다.

"눈물이 흐르기 시작할 때, 문득 깨달았어 / 나도 나를 위한 꽃을 살 수 있어 / 모래 위에 내 이름을 적고 / 내 자신과 몇 시간이고 대화를 나눌 수 있어. 네가 이해하지 못했던 것들에 대해", "나 혼자서도 춤을 출 수 있어/ 내 손을 스스로 잡을 수 있고 / 네가 해주던 것보다 나를 더 잘 사랑할 수 있어." 그리고 "너보다 나를 더 사랑할 수 있어 / 나는 나를 더 사랑할 수 있어"라는 후렴구가 반복된다. 그날 밤 그래미 시상식은 여성 아티스트들이 지배했다. 스위프트는 올해의 앨범상을 수상하며 이 상을 4번째 수상하는 최초의 가수가 되었다.

스위프트의 서사에는 슈퍼스타의 비극이 없다. 휘트니 휴스턴, 프레디 머큐리, 마이클 잭슨, 브리트니 스피어스 등은 모두 한때 엄청난 성공을 이루었지만, 자신의 진정한 모습을 숨기거나 통제권을 잃었다. 이유는 다르지만, 자기다움을 온전히 드러낼 수 없는 쇼 비즈니스 환경 속에서 소모된 사례로 볼 수 있다. 그러나 스위프트는 자신의 음악과 서사에 대한 통제권을 놓지 않는다. 그는 언제나 자기 자신이고 그것을 무기로 강력한 영향력을 행사한다.

그동안 한국에서 '스위프트 이코노미'를 본격적으로 다룬 책은 없었다. 이 책은 스위프트가 지난 18년 동안 구축해 온 브랜딩과 전략적 결정, 위기 관리 사례들을 담고 있다. 「플랫폼 9와 3/4」이 강조하는 기업 전략과 솔루션들이 실체적으로 구현되는 것을 확인할 수 있다. 한국 독자를 위해 에피소드와 케이스를 보충했지만 방대한 스위프트의 성과를 다 담지는 못했다. 한국에서는 상대적으로 덜 알려져 있지만, 지금은 테일러 스위프트의 시대다. 전 세계가 그의 글로벌 영향력과 성공적인 비즈니스 전략을 주목하고 있다. 이

책을 통해 비즈니스 관점에서 스위프트를 새롭게 해석해 보고 그의 성공 전략을 접해 보기를 권한다.

특별히 스위프트의 최신 앨범 『더 토처드 포잇츠 디파트먼트 The Tortured Poets Department』에 대한 한국어 특별판을 작성해 준 저자 크리스토퍼 마이클 우드와 원고를 책으로 엮어준 파이퍼에 깊은 감사를 드린다.

차례

"엄마는 명함에 '테일러'라고 쓰여 있으면 남자인지 여자인지
알 수 없다는 점이 멋지다고 생각했대요. 엄마는 제기
비즈니스를 하는 사람이 되길 바라셨거든요."

- 2009년 3월 5일 『롤링 스톤』 인터뷰에서

1

제국의 인큐베이터 :
잠재력을 발견하고
올인하다

✦ 스위프트 비즈니스 모델의 시작

미국 펜실베이니아주 레딩의 10대 소녀와 월스트리트 빅테크 기업의 공통점은 무엇일까? 아직까지 많은 사람들은 '테일러 스위프트'라고 하면, 기업가로서의 성공보다는 고등학교 시절 기타를 치며 사랑 노래를 부르던 10대 소녀를 먼저 떠올린다. 그러나 그가 세계적인 슈퍼스타로 성장한 것은 우연이 아니었다. 스티브 잡스와 비견될 만큼 치밀한 계획과 강력한 추진력 덕분이었다.

테일러 앨리슨 스위프트는 1989년 12월 13일 펜실베이니아주의 레딩에서 태어났다. 그의 어린 시절은 '스위프트식 비즈니스 모델'의 기초를 다지는 시기였다. 그의 아버지 스콧 킹슬리 스위프트는 메릴린치에서 일하는 증권 중개인이었다. 스위프트는 금융 담론이 터부시되지 않는 환경에서 자랐다. 복잡한 금융 세계를 가까이에서 지켜볼 수 있었던 가정 환경은 어린 스위프트에게 큰 영향을 미쳤다. 아버지가 투자와 리스크의 세계를 헤쳐나가는 모습을 지켜보며, 스위프트는 비용 편익 분석cost-benefit analysis[1]을 터득했다. 이는 장차 기업가로 성장하는 데 큰 도움이 되었다.

어머니 안드레아 스위프트 역시 스위프트의 어린 시절에 중요한 영향을 미친 인물이다. 마케팅 분야에서 활동했던 스위프트의 어머니는 어린 딸의 잠재력을 일찌감치 알아보고, 그 재능이 꽃 피울 수 있는 환경을 조성해 주었다. 아버지의 금융 감각과 어머니의 마케팅 전문성이 만난 가정 환경은 훗날 '테일러 스위프트 제국'을 탄생시키는 인큐베이터 역할을 했다.

스위프트는 어릴 때부터 자신의 운명을 적극적으로 개척했다. 이미 꼬마 때부터 스토리텔링과 음악에 뛰어난 재능을 보였던 그는 겨우 10살 나이에 전미 시 대회에서 '옷장 속 괴물Monster in My Closet'[2]이라는 작품으로 우승했다. '내러티브 중심 음악'의 시작을 알린 셈이다.

11살에는 음악의 도시 내슈빌Nashville을 여행했다. 이 여행을 계기로 자신이 가야 할 길에 타협이란 있을 수 없음을 확신하게 된

---

1 의사 결정 과정에서 특정 행동이나 프로젝트의 비용과 그로 인해 얻을 수 있는 이익을 비교하여 그 행동이 경제적으로 타당한지를 평가하는 방법이다.

것 같다. 레딩으로 돌아온 스위프트는 지역 공연장과 동네 축제에서 공연을 하며 가수가 되기 위해 치열하게 노력했다. 그는 자신의 비전을 펼치려면 더 넓은 무대가 필요하다고 느꼈다. 스위프트의 부모는 딸의 꿈을 이루기 위해 내슈빌과 가까운 테네시주 헨더슨빌로 이사를 결정했다.

이사는 전략적 판단이었다. 이는 자원준거론Resource-Based View·RBV으로 해석할 수 있다. 무형 자산인 스위프트의 재능과 스토리텔링 감각, 그리고 대중과 유대 관계를 맺는 능력은 정량화하기 어렵지만 브랜드 가치 창출에 큰 영향을 미친다. 이러한 능력을 최대한 발휘할 수 있는 환경이 필요했던 것이다. 내슈빌로의 이사는 내적 자원과 외부 기회를 연결해 '역동적 시너지'를 일으켰다.

자원준거론은 "기업의 지속적인 경쟁 우위는 기본적으로 기업이 활용할 수 있는 가치 있고 희소하며 대체 불가능한 자원에서 나온다"는 전략적 경영strategic management 이론의 핵심 개념이다. 기업뿐 아니라 스위프트 같은 개인도 타고난 능력을 독창적으로 활용할

---

2   대회를 주최한 잡지 『The Creative Communication』은 2005년 팝 가수가 된 스위프트의 어린 시절 수상 사실을 언급하면서 "유명한 작가나 작사가도 시작 지점이 있었다"는 메시지를 전했다. "이렇게 어린 시절부터 테일러 스위프트의 창의적여정이 시작되었음을 알 수 있습니다. 그의 어린 시절을 엿볼 수 있는 이 작은 이야기는 그가 어떻게 뛰어난 작사가로 성장하게 되었는지, 형성 과정에서의 경험이 어떤 영향을 미쳤는지 보여줍니다. 모든 위대한 여정은 작은 단계에서 시작되며, 어쩌면 옷장 속 괴물과 함께 시작될지도 모릅니다! 이것은 전 세계의 젊은 창작자들에게 초기 노력이 언젠가 위대한 성취를 이룰 수 있다는 것을 보여주며 좋은 격려가 될 수 있습니다."

경우 경쟁 우위를 달성하고 유지할 수 있다는 이론이다. 스위프트가 가진 내적 자원은 귀중하면서도 보기 드문 자질이었다. 작사와 작곡 실력을 갖추고, 동시에 무대에서 공연할 수 있는 14살짜리 소녀가 어디 또 있겠는가. 그의 부모는 이러한 능력은 대체 불가능하며, 세상에 단 하나밖에 없는 자질이라고 확신했을 것이다.

10대 자녀의 꿈을 위해 오랫동안 살아온 터전을 떠나는 것은 결코 쉬운 결정이 아니다. 이 선택은 스위프트가 처음으로 비즈니스 개념을 적용한 사례로 볼 수 있다. 이사는 '투자'였다. 스위프트 가족은 모든 것을 걸고 미래에 올인했다. 이들의 올인 전략all-in approach은 스타트업이 블록버스터 제품을 개발을 위해 마지막 재원까지 투입하는 모습을 떠오르게 한다.

14살 스위프트는 세계 최대 음반 저작권 회사인 소니 ATV와 음반 발매 계약을 체결했다. 소니 역사상 최연소 가수로 성사된 계약이었다. 2006년 17살에 발표한 데뷔 앨범 『데일러 스위프트Taylor Swift』는 200만 장 이상 팔려 멀티 플래티넘3을 기록했다.

첫 앨범이 놀라운 이유는 크게 성공을 거두었다는 점뿐 아니라, 그 속에 담긴 '진정성authenticity' 때문이다. 스위프트는 초창기부터 자신의 정체성을 지켰으며, 대부분의 노래는 팬들을 위해 직접 작사, 작곡했다. 앨범 수록곡들은 스위프트라는 기업의 자본이자 후

---

3 미국 레코드산업협회(RIAA)의 음반 판매량 인증 등급으로 앨범이 200만 장 이상 판매된 경우 부여한다.

속 앨범이 나올 때마다 가치가 올라가는 자산이었다.

스위프트는 자신의 브랜드를 확장해 상품화했으며 비즈니스 모델을 다각화했다. 자신의 콘서트는 '소규모 수익 모델들micro-economies'로 키워나갔다. 스위프트는 일찌감치 엔터테인먼트, 브랜드, 기업 전략을 구분 짓는 경계란 존재하지 않는다는 것을 깨달았다.

스위프트가 성장하면서 음악과 비즈니스 결합에 대한 이해 역시 깊어졌다. 스위프트는 앨범을 전략적으로 출시했고 콘서트 투어를 '고객 참여 플랫폼'으로 진화시켰다. 또 소셜 미디어를 쌍방향 고객 관계 관리Customer Relationship Management·CRM의 도구로 활용했다.

이 모든 비즈니스적 통찰력은 펜실베이니아와 테네시에서 보낸 어린 시절에 뿌리를 두고 있다. 스위프트의 경력을 비즈니스 사례로 연구할 때, 초기 투자의 중요성을 간과하면 안 된다. 레딩에서 기타를 매고 소규모 관객을 위해 노래를 부르던 그 순간부터, 그는 비즈니스 제국의 코드를 튜닝하기 시작했다.

스위프트의 여정에는 시대를 초월한 비즈니스 원칙이 담겨 있다. 첫째, 나만의 고유한 자산을 인식하라. 둘째, 그 자산을 투자하라. 셋째, 변화하는 환경에 조응하라. 넷째, 수익원을 다각화하라. 다섯째, 핵심 미션에 충실하라. 스위프트는 이 다섯 가지 원칙을 통해 수십억 달러 제국을 건설했다.

✦ 잠재력 발굴과 초기 팬덤 구축

월스트리트에서는 정장을 입고, 내슈빌 뮤직 로우4에서는 카우보이 부츠를 신는다. 겉모습은 전혀 다른 두 도시지만, 잠재력을 알아보는 안목은 같다. 금융가와 음악 사업가들 모두 아직 세상이 보지 못한 무언가를 발견한다. 이 발견은 오랜 시간 반복되어 온 패턴을 포착하고, 미개척 영역에 도전할 줄 아는 능력에서 나온다. 이를 탁월하게 보여주는 인물이 스위프트다. 그의 여정은 잠재된 재능을 찾아내고 그 능력을 중심으로 기업을 건설하는 과정을 담고 있다. 우리는 이를 '잠재력 비즈니스business of potential'라고 부를 수 있다.

이야기는 벤처 투자자들이 말하는 씨앗seed 단계에서 시작된다. 이 단계는 비전만 가진 누군가가 가능성을 처음으로 드러내는 시점이다. 그러나 잠재력을 발견하는 것은 첫 번째 단계일 뿐이다. 더 어려운 단계는 그 잠재력이 실현될 수 있는 환경을 조성하고, 잠재력을 중심으로 비즈니스를 구조화하는 것이다.

씨앗 단계는 스타트업이 배아 상태에 있다는 의미로, 성장 가능성이 큰 인재와 기업을 가리킨다. 초기 단계의 잠재력은 원석과 같아 불확실성과 리스크가 크다. 씨앗 단계는 초기 결정이 도전의

4 　내슈빌 16, 17번가에 위치한 거리로 내슈빌의 음악과 엔터테인먼트 산업을 상징한다. 음악 출판사, 레코드 레이블, 녹음 스튜디오 등 음악 산업과 관련된 다양한 기업들이 밀집해 있다. 스위프트뿐 아니라 컨트리 음악의 전설적 가수 조니 캐시(Johnny Cash), 컨트리 음악의 여왕 돌리 파튼(Dolly Parton), 컨트리 음악을 혁신한 윌리 넬슨(Willie Nelson), 클래식 컨트리 음악의 선구자 행크 윌리엄스(Hank Williams) 등이 모두 내슈빌에서 음악 경력을 시작하거나 내슈빌을 중심으로 활동했다. 내슈빌에는 컨트리 뮤직 명예의 전당(Country Music Hall of Fame)이 있으며, 매년 컨트리 뮤직 페스티벌(CMA Fest)이 열린다.

성공 여부에 큰 영향을 미치는 시기이며, 모험적인 가설을 테스트하는 개념 검증의 시간이다. 이때는 자금이 부족하므로 개인 자산을 투입하거나 엔젤 투자자, 혹은 가족과 친구로부터 자본을 조달한다.

스위프트 가족이 삶의 터전을 떠난 것처럼 씨앗 단계의 스타트업 역시 급진적인 결정을 내릴 때가 있다. 스위프트에게 내슈빌은 컨트리 음악과 팝 음악이 공존하는 최적의 환경이었다. 테크 스타트업에게 실리콘밸리의 기업가 생태계가 그런 것처럼, 스위프트에게 내슈빌은 성공의 잠재력을 검증하는 무대였다.

스위프트는 지역 공연장에서 노래를 부르는 것에 그치지 않았다. 그는 제대로 된 제작사를 선택하고, 자신과 맞는 에이전트를 찾았으며 무엇보다도 음악과 브랜드에 대한 통제권을 잃지 않았다. 14살에 소니와 계약을 했지만, 어리다는 이유로 음반 발매가 미뤄지자 결별했다. 2005년 내슈빌의 한 쇼케이스에서 제작자 스콧 보르체타Scott Borchetta를 만나면서 독립 음반사 빅머신과 계약을 맺고 음악 활동을 시작했다. 스위프트는 그때를 회상하며 "정말 시간이 없다고 느꼈다"고 말했다. 10대의 이야기를 20대에 할 수는 없었기 때문이다.

만약 스위프트가 다른 가수들처럼 음악 산업의 메커니즘에 휩쓸렸다면, 그는 아마도 '나쁜 투자' 사례로 남았을 것이다. 그러나 스위프트와 그의 팀은 처음부터 그를 가치가 계속 증가하는 자산으로 만들기 위한 주도적 전략을 세웠다. 결국 스위프트의 경력은 투자 성공 사례로 자리 잡았다.

스위프트 팀은 '테일러 스위프트'라는 브랜드에 가치 사슬 분석Value Chain Analysis을 적용했다. 이는 비즈니스의 각 단계가 어떻게 최종 소비자에게 가치를 더해줄 수 있을지 찾아내는 방법이다. 스위프트는 전체 생태계를 구축했다. 앨범, 굿즈, 콘서트 기획 등 모든 요소를 '브랜드 스위프트'라는 메커니즘 안에서 구조화시켰다.

애플이 단순히 기기가 아닌 생태계를 파는 것처럼, 스위프트는 경험과 정체성을 판다. 그가 데뷔 초기에 소셜 미디어를 활용한 방식이 대표적 사례다. 스위프트는 소셜 미디어를 활용해 팬들과 적극적으로 소통하며 그들이 참여할 수 있는 온라인 커뮤니티를 만들어 갔다. 트위터와 텀블러를 통해 사실상 자신만의 CRM을 운영했다.

스위프트의 초기 시장 개척에서 중요한 요소 중 하나는 '팬 커뮤니티'였다. 이는 네트워크 효과network effect와 밀접한 연관이 있다. 네트워크 효과는 특정 서비스를 사용하는 사람이 늘어날수록 그 가치도 커진다는 원리다. 오늘날 플랫폼 비즈니스 전략의 핵심 원리지만, 엔터테인먼트 사업에도 적용된다. 스위프트 팬덤의 특징은 새로운 팬이 늘어날 때마다 커뮤니티의 가치가 기하급수적으로 커진다는 점이다. 새로운 팬이 합류하면 참여와 토론이 더욱 활발해진다. 팬들은 콘서트에 참석하고 굿즈를 구매하며 자연스럽게 브랜드 홍보 대사 역할을 한다. 이로 인해 스위프트 커뮤니티의 영향력과 가치는 빠르게 상승한다.

스위프티는 팬 아트를 제작하고 음악을 공유하며 온라인 논쟁이 벌어지면 달려가 스위프트를 보호하고 지지한다. 단체로 콘서트

장에 모습을 드러내기도 한다. 스위프티는 그 자체로도 하나의 볼거리이다. 그들의 활동은 테일러 스위프트라는 브랜드의 일부가 되어 다른 팬들의 경험을 풍성하게 만든다.

이들이 서로 공유한 경험과 두터워진 커뮤니티는 강력한 사회적 증명social proof5으로 작용해 그 궤도로 더 많은 팬을 끌어당긴다. 팬의 참여가 늘어날수록 팬 커뮤니티의 가치는 높아지고, 이로 인해 커뮤니티 참여 경험은 더욱 매력적으로 진화하는 선순환 구조가 만들어진다.

네트워크 효과의 핵심은 더 많은 참여자를 끌어들이고 네트워크의 가치와 매력을 높여 단숨에 성공할 수 있는 무대를 만드는 것이다. 헌신적인 스위프티의 성장은 승수 효과를 일으켰다고 볼 수 있다. 네트워크 효과는 스위프트에게만 해당되는 것은 아니다. 이 원리를 활용해 성공을 거둔 대표적인 아티스트들은 다음과 같다.

▪비욘세 : 팬클럽 '베이하이브Beyhive'는 강력한 네트워크를 형성하고 있다. 새로운 팬들은 비욘세의 문화와 상업적 영향력을 널리 퍼나르며, 음악을 넘어 패션, 정치, 사회적 이슈까지 아우르는 생태계에 기여하고 있다. 비욘세가 깜짝 앨범을 발표하거나 굿즈를 출시할 때마다 강력한 동력이 되어, 비욘세의 활동을 문화적 현상으로

---

5   사람들이 어떤 결정을 할 때, 다른 많은 사람들이 선택한 결정에 끌리게 된다는 심리학적 개념이다. 심리학자 로버트 치알디니(Robert Cialdini)가 1984년 저서 『설득의 심리학(Influence: The Psychology of Persuasion)』에서 제시했다.

만든다.

■BTS와 케이팝 : 가장 대표적인 사례로는 BTS와 광범위한 케이팝 산업이 있다. 이들은 소셜 미디어를 통해 고도로 연결된 글로벌 커뮤니티를 성공적으로 구축했다. BTS와 팬클럽 '아미ARMY'는 서로 힘이 되고 영감을 주며, 특별한 유대감을 형성하며 함께 성장해 왔다. 아미는 콘텐츠를 생산하고 가사와 인터뷰를 번역해 공유한다. 해시태그를 유행시키고 집단 지성을 바탕으로 의사 결정 구조를 형성하는 것으로도 유명하다.

■저스틴 비버 : 동영상 플랫폼을 활용하여 초기 팬층을 형성하고 꾸준히 새로운 콘텐츠를 올리는 방식으로 팬들의 지속적인 참여를 이끌어냈다. 이후 새로운 팬들이 네트워크에 합류하며 팬 커뮤니티 '빌리버Belieber'의 가치를 기하급수적으로 높였다. 이는 굿즈와 콘서트 티켓 판매로 이어졌다. 개인적 스캔들과 어려움 속에서도 음악 활동을 통해 다시 일어섰고 팬들과의 관계를 재정비하면서 리브랜딩에 성공했다.

■아델 : '데이드리머Daydreamer'는 그의 음악을 널리 알리는 전도사 역할을 하고 있다. 신규 앨범이 발매될 때마다, 아델의 음악뿐 아니라 각종 토론, 밈, 소셜 미디어에서의 소셜 쉐어링social sharing이 큰 화제를 모았다. 이는 글로벌 문화 현상을 만들어내, 아델 팬 커뮤

니티의 일원이 되는 것의 가치를 높였다.

▪ 그레이트풀 데드 : 그레이트풀 데드는 인터넷이 등장하기 훨씬 전에 '데드헤드Deadheads'라는 충성도 높은 팬덤을 창시한 선구적인 밴드다. 데드헤드들은 그레이트풀 데드 공연을 보기 위해 이 도시 저 도시를 따라다녔고, 콘서트 실황이 담긴 테이프는 팬들 사이에서 마치 화폐처럼 통용되었다. 새로운 팬이 유입될 때마다 이 비공식 테이프 거래 네트워크의 가치는 더욱 높아졌으며, 그레이트풀 데드의 음악이 전파되는 중요한 역할을 했다.

▪ 레이디 가가 : '리틀 몬스터Little Monsters'라는 팬덤을 보유한 레이디 가가는 소셜 미디어 플랫폼뿐만 아니라 자신의 웹사이트와 앱을 통해 팬들과 직접 소통하는 방식으로 네트워크 효과를 극대화했다. 팬들은 가가와 개인적으로 직접 연결되었다는 느낌을 받았고, 이로 인해 팬 네트워크는 더욱 강력하고 결속력 있게 발전했다.

▪ 팟캐스트 시리얼Serial6과 스마트리스Smartless7 : 팟캐스트 신규 청취자들은 온라인 토론에 참여하거나 친구들에게 팟캐스트를 추천했고, 때로는 팟캐스트 콘텐츠와 관련된 이니셔티브나 조사를 위

---

6   2014년 첫 시즌을 시작한 범죄 사건을 탐사 보도하는 팟캐스트로, 라디오 프로그램 「This American Life」 팀에서 제작하는 작품이다. 첫 시즌은 3억 번 이상 다운로드를 기록하며 전 세계적으로 큰 인기를 끌었다.

한 크라우드 펀딩에 참여하며 프로그램의 가치를 더했다.

아티스트는 네트워크 성장에 따라 일종의 복리 효과를 누렸다. 네트워크가 성장해 가치가 높아지면 더 많은 사람이 유입되고, 네트워크의 가치가 더욱 커지는 현상이 반복된 것이다. 네트워크 가치는 잘 관리하지 않으면 급속히 추락할 수도 있다.

스위프트는 소셜 미디어와 팬들과의 상호 작용에서 기회와 잠재력을 발견해 새로운 시장을 창출했다. 열성팬을 거느린 셀럽은 많지만 스위프트의 팬들은 단순한 제품 소비자가 아니다. 그들은 스위프트를 누구보다 열정적으로 옹호하는 헌신적인 집단이다. 스위프트는 팬층의 잠재력을 일찍이 깨닫고 부지런히 확장하며 시장을 개척해 왔다. 그는 홍보팀에만 팬 관리를 맡기지 않고 자신이 직접 팬과 소통했다.

스위프트는 음악 사업뿐 아니라 팬덤과 브랜드를 확장하는 데에서도 잠재력을 발견하고 키워냈다. 잠재력을 기반으로 제국을 건설했다고 할 수 있다. 스위프트가 주는 교훈 중 하나는 '어떤 시장에서든 가장 저평가된 자산은 잠재력'이라는 사실이다.

7　2020년에 시작된, 각계 각층의 인물들과 웃고 대화하며 그들의 경험을 통해 배움을 얻는 팟캐스트다. 제이슨 베이트먼(Jason Bateman), 숀 헤이즈(Sean Hayes), 윌 아넷(Will Arnett)이 진행한다.

역자 노트 : 스위프트의 자기 투자

테일러 스위프트는 12살 때 처음 노래를 쓰고, 1년 뒤 첫 데모를 녹음했다. 내슈빌의 컨트리 음악 방송국에 곡을 팔기 위해 찾아갔지만 "18살이 되면 다시 오라"며 거절당한다. 집으로 돌아온 스위프트는 기타를 배우기 시작했다. 당시 매일 몇 시간씩 기타를 연습하며 작사와 작곡에 집중했다. 일상에서 느낀 감정과 경험을 바탕으로 노래를 만들며 독창적인 스토리텔링을 발전시켰다. 데뷔 앨범의 곡들은 13세에서 16세 사이에 쓴 곡들이다.

스위프트가 내슈빌의 음반사들을 찾아가, 자신의 음악을 들려주고 싶다며 직접 문을 두드리고 다닌 일화도 유명하다. 데뷔 후에도 신곡을 라디오에 틀기 위해 미국 전역의 200여 개 라디오 방송국을 찾아다녔다. 특히 캘리포니아의 K-FROG 라디오 방송국에서 자신의 노래 「Tim McGraw」를 부르면서 "언젠가 네가 라디오를 켜게 될 거야"라는 가사를 "언젠가 네가 K-FROG를 켜게 될 거야"라고 바꿔 부르며 출연 기회를 얻기도 했다.

두번째 정규 앨범 『피어리스Fearless』(2008)에 수록된 곡 「Love Story」는 자기 투자 전략이 결실을 맺은 대표적 사례다. 스위프트가 직접 작사, 작곡한 이 곡은 그의 음악적 역량을 입증한 작품이다. 당시 18세였던 그는 셰익스피어의 비극 「로미오와 줄리엣」에서 영감을 받아 현대적인 로맨스 이야기를 풀어냈다. 대중의 공감을 이끌어내는 능력과 복잡한 감정을 쉽게 전달하면서도 감정의 깊이를 잃지 않는 스토리텔링 능력이 돋보였다. 스위프트는 『피어리스』로 빌보드 앨범 차트 첫 1위에 오른다. 컨트리와 팝을 결합하여 장르를 확장했으며 상업적 성공을 이뤄냈다.

경력 초기부터 스위프트는 음정 불안정 등의 이유로 "노래를 잘 못한다"는 비판을 받았다. 2010년 그래미 어워드에서 스티비 닉스Stevie Nicks와 함께 무대에 올랐을 때는 라이브 퍼포먼스가 좋지 않다는 평가가 나왔다. 스위프트는 이를 의연하게 수용하고 이후 전문적인 보컬 트레이닝을 받으며 더 나은 실력을 발휘하기 위해 더욱 집중했다.

스위프트의 자기 투자는 현재 진행형이다. 스위프트는 2023년 3월 시작된 「디 에라스 투어」를 위해 6개월 전부터 체력 훈련을 시작했다. 러닝 타임 3시간 15분 동안 44곡을 부르는 대규모 공연을 위해 술을 끊고, 매일 러닝머신 위에서 뛰면서 공연곡을 연습했다. 빠른 곡은 뛰면서 느린 곡은 빨리 걷기를 하며 부르고 또 불렀다. 엄격한 보컬 트레이닝도 거쳤다. 스위프트는 세계 최고의 스타가 된 현재도 자신의 음악적 역량을 높이기 위해 노력하고 있다.

"그냥 너 자신이 돼. 그보다 더 나은 사람은 없어."

- 「Nobody Like Me」 가사 중에서

2

브랜드 정체성 :
하나의 진정성으로
천의 얼굴을 만들다

때때로 부와 명예는 일반적인 경로를 벗어나 형성된다. '기타 위로 눈물이 흐르는 이유는 너'[1]라고 노래하던 사랑스러운 소녀 테일러 스위프트는 이제 음악을 넘어선 다차원적 브랜드로 성장했다. 스위프트의 이름은 향수 병을 장식했고, 얼굴은 잡지 표지를 채웠으며 그의 페르소나는 티셔츠부터 공책 그리고 이 책에 이르기까지 다양한 상품을 통해 확장된다. 이번 장에서는 스위프트 기업의 핵심인 '브랜드 정체성brand identity'을 이야기해 보려고 한다. 스위프트 비즈

---

1 『테일러 스위프트』(2006)의 세 번째 트랙 「Teardrop on My Guitar」의 가사다. 짝사랑하는 남자 아이를 바라보며 마음 아파하는 내용이다.

니스에서 브랜드는 부차적 요소가 아니다.

✦ 전략적 포지셔닝과 정서적 저장고

스위프트의 브랜드 아키텍처는 경영 전략의 대가 마이클 포터 Michael Porter**2**의 전략적 포지셔닝strategic positioning이 잘 구현된 사례다. 애플이 매킨토시를 출시할 당시, IBM을 조지 오웰의 소설 속 빅 브라더로 묘사한 전설적인 광고 '1984'를 기억하는가? 이 캠페인에서 애플은 기성 기술 브랜드가 지배하는 세상에 맞서는 혁신적 이미지를 구축했다. 스위프트 역시 슈퍼스타로 성장하는 과정에서 일관되게 자신을 스토리텔러이자 이야기의 주인공으로 포지셔닝해왔다. 그는 옆집 소녀이면서 다가가기 힘든 셀럽, 피해자이자 승리자로 묘사되며, 팬들이 여러 방식으로 그를 해석할 수 있게 하는 일종의 인지적 화음cognitive polyphony**3**을 형성했다. 팬들은 자기만의 방식으로 스위프트를 읽으며, 그 과정에서 스위프트와의 깊은 연결을 느끼게 된다.

경영 전략의 영역에서 마이클 포터는 중요한 사상가다. 하버드 비즈니스 스쿨 교수인 포터는 경쟁 전략과 산업 경제학의 전문가로, 그의 이론은 수많은 경영자와 학자들에게 큰 영향을 미쳤다. 포터의

---

2 경쟁 전략과 경쟁 우위 이론 분야에서 세계적으로 인정받는 권위자이며, 그의 연구와 저서는 경영학의 핵심 지식으로 널리 활용되고 있다. 저서로는 『경쟁 전략(Competitive Strategy)』과 『경쟁 우위(Competitive Advantage)』가 있다.

3 다양한 관점이나 해석이 동시에 존재하는 현상을 말한다.

주요 기여 중 하나는 전략적 포지셔닝이라는 개념으로, 이는 경쟁적 환경에서 독특한 위치를 확보하는 것을 말한다. 모든 사람에게 의미 있는 존재가 되는 것이 아니라, 특정 집단에게 독특한 가치를 제공하는 것이다.

스위프트는 음악 시장에서 흔한 팝이나 컨트리 음악의 진부한 틀에서 벗어나, 독보적이고 독립적인 섬으로 존재한다. 그는 강력한 스토리텔링을 기반으로, 다양한 서사를 수용하는 형태의 전략적 포지셔닝을 하고 있다. 스위프트는 단일 장르나 특정 이미지에 국한하지 않고 다층적 정체성multifaced identity을 진화시켜 왔다. 여러 캐릭터와 서사를 자신의 앨범과 공연, 그리고 공개적 이미지에 반영하며, 다양한 팬층과 다양한 해석으로 공감대를 형성해 왔다. 이를 통해 스위프트는 평범한 팝 스타들과 달리 풍부한 경험과 이야기를 담을 수 있는 아티스트로 차별화되었다. 시대와 취향의 변화에 탄력적으로 대응하며 엔더데테인먼트 업계의 치열한 경쟁 속에서 살아남을 수 있었던 이유다. 다층적 정체성은 스위프트를 보호하는 갑옷이자 무기인 셈이다.

스위프트의 정체성과 팬들의 감정적 연결은 시간이 지남에 따라 더욱 강력해졌다. 우연히 벌어진 일이 아니다. 시대의 변화에 민감하게 반응하며, 브랜드 정체성을 끊임없이 창조하고 재조정하며 재부팅해 나간 결과였다. 2014년 앨범『1989』에서 컨트리 음악을 떠나 신스팝으로 전환한 것은 단순한 음악 스타일의 진화가 아니라 브랜드의 재포지셔닝이었다. 스위프트는 '미국의 연인'에서 빌보드 차트뿐 아니라 혼란스러운 소셜 미디어 세계에서도 능숙하게 방향을 잡을 줄 아는, 현명하고 '자기 인식이 뛰어난 아티스트self-aware artist'로 성장했다. 그는 자신의 성장 과정과 이야기를 팬들과 공유함으로써 더 깊은 브랜드 경험을 제공했다.

브랜드는 기억에 남는 로고나 광고 음악이 아니다. 고객과 맺는 감정적인 관계다. 스위프트는 단순히 음악을 파는 것이 아니라 자신만의 언어와 미학, 그리고 윤리적 신념이 담긴 감정적 여정을 제공한다. 이를 비즈니스 용어로 표현하면, 고객 생애 가치Customer Lifetime Value·CLTV다. CLTV는 기업이 고객과의 관계에서 예상할 수 있는 총수익을 측정하는 지표로, 전통적으로는 평균 구매 금액, 구매 빈도, 고객 수명 등을 중심으로 평가된다. 스위프트는 이를 팬들과의 정서적 유대감과 공동체 의식 같은 무형의 가치로 확장했다.

많은 기업이 단기 성과에 집중하지만 스위프트는 장기 전략을 세운다. 팬과의 관계에 대한 스위프트의 관심은 콘서트 티켓이나 앨범 판매를 넘어서, 공인으로서의 삶의 기복을 함께 극복할 수 있는 '정서적 저장고emotional reservoir'를 구축하는 데 있다.

이러한 포괄적 접근은 팬들과의 유대를 강화한다. 팬들은 스위프트의 새로운 예술적 여정을 함께하며 언제나 그의 곁을 지키는 충성스러운 브랜드 홍보 대사로 거듭난다. 스위프트가 목표로 삼는 성공의 척도는 앨범 판매량이 아닌, 팬들과 쌓은 관계의 깊이다. 이러한 CLTV 접근 방식은 어려운 시기의 버팀목이자 새로운 기회의 발판이 되어 브랜드 파워와 고객 충성도 사이의 선순환을 만든다. 탄탄한 브랜드 자산 덕분에 스위프트는 앱을 출시하거나 정치적 입장을 밝히는 위험도가 높은 시도를 할 때에도 유연하게 방향을 전환할 수 있다.

2019년 한 투자 회사4가 스위프트의 초기 음반사 빅머신 레코드를 인수하면서 그는 과거의 음반에 대한 소유권을 잃었다. 아티스트의 뿌리가 흔들리는 큰 위기였지만, 스위프트는 오히려 창조적 대응으로 브랜드를 강화했다. 그는 과거 음반을 모두 재녹음하기로 결정하면서 음악에 대한 통제권은 자신에게 있음을 증명했다. '스위프트, 정당한 권리를 되찾다'라는 내러티브를 통해 임파워먼트 empowerment5라는 스위프트의 오랜 가치관을 담은 메시지를 발신했다. 이는 팬들의 열렬한 호응을 이끌었다.

앨범 재녹음은 상당한 위험을 감수한 결정이었다. 새롭게 재해석한 앨범의 분위기가 과거의 앨범과 다를 경우 원곡에 정서적 애착을 가진 기존 팬들이 이탈할 가능성도 있었다. 그러나 스위프트의 도전은 음악적, 정서적인 차원에서 모두 큰 성공을 거뒀다. 스위프

---

4   미국의 유명 매니저 스쿠터 브라운(Scooter Braun)이 설립한 미디어 및 엔터테인먼트 관련 투자 및 운영 회사 이타카 홀딩스(Ithaca Holdings)가 스위프트의 초기 작품의 소유권을 보유한 빅머신 레코드를 인수하면서 스위프트와 갈등이 불거졌다. 스위프트가 자신의 음악에 대한 통제권을 되찾는 과정은 8장에서 자세히 다룬다.

5   개인이나 집단이 스스로 권한과 능력을 갖추고, 자율적으로 결정하고 행동할 수 있게 하는 과정을 말한다. 특히 자신감을 갖고 자신의 삶이나 상황을 통제할 수 있는 권한을 확보하는 것을 강조한다. 스위프트는 그의 음악을 통해 여성의 자립, 자기 표현, 그리고 권한에 대해 강조해 왔다.

트는 자신의 이야기를 되찾는 과정에 팬들을 초대했다. 고객의 브랜드 경험을 섬세하게 설계하고 관리함으로써 정서적 저장고를 지켜냈을 뿐 아니라 유대를 강화했다. 스위프트가 자신의 가치 제안value proposition6을 명확히 인식하고, 팬들과의 정서적 유대를 깊이 이해한 결과다. 결과적으로 스위프트는 아티스트로서의 자율성과 권리를 지키겠다는 강력한 메시지를 전달했고, 공정성과 진정성의 가치를 추구하는 아티스트라는 정체성을 대중에게 심을 수 있었다.

스위프트의 세련된 브랜드 관리 전략은 논란에 대응하는 과정에서도 드러났다. 2009년 MTV 비디오 뮤직 어워드에서 칸예 웨스트Kanye West가 무대로 올라와 수상 소감을 말하고 있던 스위프트의 마이크를 빼앗는 악명 높은 사건이 있었다. 스위프트는 이 부정적인 내러티브를 오히려 자신의 브랜드 스토리를 풍성하게 만드는 기회로 활용했다. 사건 직후인 2010년 발표한 곡 「Innocent」에서는 용서와 성장을 말했다. 2017년 발매한 『레퓨테이션reputation』 앨범은 논란을 음악적 예술성으로 승화시켰다는 평단과 팬들의 호평을 받았다. 결과적으로 이 사건은 스위프트의 앨범, 인터뷰, 소셜 미디어를 통해 반복적으로 언급되며 그의 음악 인생의 하나의 장면이 되었고, 스위프트 서사의 일부로 수렴됐다.7

---

6   특정 제품이나 서비스가 제공하는 고유한 혜택과 가치를 말하며, 경쟁 브랜드와의 차별화 요소를 강조한다.

7   스위프트와 웨스트의 갈등은 9장에서 자세히 다룬다.

산업계에서는 브랜드를 '구축하는 데 시간은 오래 걸리지만 사라지는 것은 한 순간인 자산'으로 여긴다. 그러나 스위프트의 행동은 이 통념이 틀릴 수도 있음을 일깨워 주었다. 스위프트가 할리우드 배우·방송인 노동 조합SAG-AFTRA 파업8의 장기화 국면에서 내린 전략적 판단은 위기에 직면한 기업들이 참고할 만한 사례다.

2023년 7월, 「디 에라스 투어」가 한창이던 때, SAG-AFTRA는 인공 지능AI과 얼굴 스캔 기술을 영상 제작에 활용하는 것과 관련한 요구가 관철되지 않자 파업에 돌입했다. 파업이 두 달 째로 접어들었을 때 상황은 매우 어수선했다. 이미 수많은 기록을 경신한 콘서트 「디 에라스 투어」9의 실황 영화는 기대작이었다. 노조 파업으로 영화 개봉이 어려워질 수도 있는 상황에서 스위프트는 위기를 브랜드 강화 사례로 만들어냈다. 그는 노조의 파업 대상이었던 대형 스튜디오가 아닌 미국 최대 영화 체인 AMC 극장과 직접 접촉해 공연

---

8 일자리와 공정한 이윤을 지키기 위해 배우와 작가 노조가 63년 만에 벌인 동반 파업이다. 2023년 7월 14일부터 11월 9일까지 이어졌다. 파업의 원인은 첫째, AI 등장으로 인해 배우, 작가, 영화 스태프들의 일자리가 줄어들 위기에 처했기 때문이다. 둘째, 넷플릭스, 유튜브, 디즈니 플러스 등 스트리밍 서비스 등장으로 재방송 출연료 개념이 사라지면서 콘텐츠가 여러 차례 송출될 때 배우들에게 돌아가던 주요 수익원이 사라져버렸기 때문이다. 이 파업으로 인해 할리우드 영화, 드라마, TV 쇼 촬영은 전면 중단됐고 영화 개봉은 무기한 연기되는 사태가 벌어졌다. 스위프트의 콘서트 실황을 담은 영화 『테일러 스위프트: 디 에라스 투어』는 연기와 시나리오가 필요 없는 콘서트 영화이고 파업 조항에 해당되지 않기 때문에 극장 상영과 소셜 미디어 홍보를 허가받았다. 단, 노조와 휴게 시간, 적절한 보수 등 스태프의 근무 여건을 보장한다는 임시 계약을 체결해야 했다.

실황 영상의 배급을 맡겼다. SAG-AFTRA와 임시 계약을 체결하여 노조의 비공개 요구 사항을 효과적으로 수용했다. 그렇게 계속된 파업에 지친 노조의 사기를 끌어 올렸을 뿐 아니라 아티스트들이 전통적인 권력 구조를 우회할 수 있다는 것을 보여주었다. 이는 미국 영화·TV 제작자 연맹AMPTP을 압박하는 계기가 됐다.

공연 실황 영화는 티켓 사전 판매 첫날부터 2600만 달러의 수익을 올리며 스위프트의 막강한 시장 파워를 보여주었고, 업계 관계자들에게 깊은 인상을 남겼다. 이미 강력했던 브랜드 스위프트는 이제 거의 뚫리지 않는 요새 수준이 되었다. 그의 신뢰 자산a reserve of goodwill은 공인으로서 불가피하게 어려움을 겪더라도, 오히려 더 높이 비상하는 계기가 되는 경지에 이르렀다.

스위프트의 브랜드는 일종의 '대화'다. 소셜 미디어에서 나누는 팬들과의 대화, 깜짝 앨범, 앨범 가사에 숨겨 놓은 암호화된 메시지 등 이 모든 것이 팬들을 대화에 초대하는 신호다. 스위프트가 윤리적이고 공정한 관행을 지키기 위해 노조와 직접 협력하겠다고 밝

---

9   테일러 스위프트의 전 세계 콘서트 투어로, 그의 다양한 음악적 '시대'를 기념하고 대표곡들을 선보이는 형식으로 구성된다. 이 투어는 스위프트의 다양한 앨범들을 상징하는 시대(era)를 테마로 하여, 각 시대를 대표하는 곡들과 무대 연출, 의상으로 표현된다. 팬들은 이 투어를 통해 스위프트의 음악적 여정을 한자리에서 경험할 수 있으며, 그의 데뷔부터 최신 앨범까지의 발전과 변화를 목격할 수 있다. 스위프트가 직접 기획에 참여한 대규모 이벤트로, 복잡한 무대 디자인, 정교한 조명, 그리고 다양한 퍼포먼스가 특징이다. 이 투어는 또한 다양한 도시와 국가에서 열리며, 스위프트의 글로벌 팬층을 대상으로 한다.

힌 것은 브랜드 진정성brand integrity이 경영 판단에 얼마나 중요한지를 보여주는 사례다. 경쟁이 치열한 시장에서 오랫동안 살아남고자 하는 기업들이 추구하는 브랜드 매력도 이러한 대화에서 나온다. 진심을 담은 대화와 신뢰 자산을 바탕으로 한 브랜드는 어떤 상황에서도 전략적 날카로움을 잃지 않고 살아남을 수 있다.

세상을 놀라게 하고 싶은 스타트업 CEO나 현대적 변화를 추구하는 전통적 브랜드 모두 테일러 스위프트의 브랜드 구축 전략에서 교훈을 얻을 수 있다. 브랜드는 일관성을 통해 성장할 뿐 아니라, 진화하는 생명체와 같다는 사실을 잊지 말자. 최고의 브랜드 스토리는 일방적으로 전달되는 것이 아니라 고객과 함께 공동으로 써 내려가는 것이며, 성공적인 브랜드는 단순히 소비자 인지도를 확보하는 것을 넘어 고객의 마음을 사로잡는다.

스위프트는 지금 이 시대가 원하는 탁월한 비즈니스 감각이 구현됐을 때의 모습 그 자체다. 그의 플레이북은 뮤지션 지망생과 전 세계 스위프티뿐 아니라, 끊임없이 변화하는 글로벌 연결성을 이해하고 성공의 역학을 알아내고자 하는 모든 이들에게 공감을 불러일으킨다.

✦ 진화하는 정체성

많은 아티스트들은 초기에 성공을 가져다준 공식을 반복해서 사용하다 스스로 진부해지는 함정에 빠진다. 스위프트는 그 경로를 따르지 않았다. 진정성을 중심에 두고, 다층적인 정체성을 형성해 왔다. 그의 여정은 정교한 기획하에 지속적으로 성장한 진화의 모범 사례다.

곱슬머리 시골 소녀의 컨트리 음악

스위프트는 16살 때 기타를 들고 활기찬 컨트리 음악을 연주하며 처음 대중 앞에 섰다. 그의 초기 이미지 특징은 곱슬머리, 어깨를 드러낸 비치 원피스, 카우보이 부츠였다. 「Tim Mcgraw」와 「Teardrops on My Guitar」 같은 어쿠스틱 곡들은 우리 모두의 마음속에 남아있는 불안한 10대 시절의 감성을 불러일으켰다. 과도한 프로듀싱의 팝이나 우울한 인디 음악이 대세였던 시절, 스위프트는 신선함과 진솔함을 브랜드 이미지로 내세웠다.

붉은 입술과 신스 비트로 일으킨 '1989의 혁명'

2014년으로 가면 '1989'라는 해를 만나게 된다. 1989년은 스위프트가 태어난 해이자 그의 혁신적 앨범의 이름이기도 하다. 『1989』 앨범을 통해 컨트리 리듬과 소박한 감성은 자취를 감추고, 신스 비트와 세련된 프로듀싱이 등장했다. 빨간 입술, 짧은 머리, 유행을 앞서는 도회적 스타일로 이미지 변신을 꾀했다. 마치 애플이 화려했던 iMac을 오늘날의 매끈하고 군더더기 없는 디자인으로 변모시킨 것과 유사하다. 스위프트에게 『1989』는 불필요한 요소를 던져버리고, 가장 효과적이고 스타일리시한 형태만을 남긴 스위프트판 'iPhone 모멘트'였다.

어두운 분위기로의 변신 : 레퓨테이션

스캔들과 대중의 감시 속에서 힘든 시간을 보낸 후, 스위프트는 다시 한 번 변신을 시도한다. 『레퓨테이션』(2017)은 사운드와 이미지 모두 어두워진 분위기를 자아낸다. 신문 활자체를 활용한 앨범 커버는 기존 스타일과는 전혀 다른 과감한 디자인이었다. 블랙앤 화이트 톤, 묘지와 뱀 같은 어두운 상징을 사용하고, 복수, 배신, 가치 회복 등 무거운 주제를 담아내며 힙합과 일렉트로닉 장르까지 포용했다. 급진적인 변화였다. 오리지널 레시피를 고수해 온 코카콜라가 어느 날 갑자기 쌉싸름한 콜라를 출시했다고 상상해 보라. 이 앨범에서 스위프트는 그동안의 안전한 팝 공식을 과감하게 버리고, 팬들에게 한 번도 보여준 적이 없는 새로운 장르와 스타일에 도전했다.

인디 상르의 시작 : 포크로어, 에버모어

스위프트는 2020년에 『포크로어folklore』와 『에버모어evermore』를 연달아 발매하며 또 한 번 새로운 시작을 알렸다. 편안한 인디 음악의 미학을 바탕으로, 지금까지 보여준 모습과 완전히 다른 모습으로 나타났다. 코로나 팬데믹 격리 기간 동안 스위프트는 정서적으로 연결되어 공감하는 것을 소중하게 여기는 보편적 가치를 발견했고, 사회적 고립을 겪는 사람들에게 도피와 상상, 공감과 성찰, 낭만과 향수, 시골과 자연에 대한 이야기를 들려주었다. 두 앨범은 코로나 팬데믹이라는 한계 상황에서 수백만 팬들에게 공명을 일으켰다. 또한 음악 스타일에 변화를 준다고 해서 핵심 팬들이 떠나는 게 아니라는 것을 증명했다. 시각적으로는 두 앨범 모두 좀 더 부드럽고 섬세한 스타일이었지만, 그 복잡성은 더욱 깊어져 있었다.

팬데믹으로 전 세계가 힘들었던 그 시기에, 스위프트가 발매한 두 음반은 추운 방에 놓인 포근한 담요와 같았다. 그는 이 앨범들을 통해 자신의 내면에 집중하면서 광범위한 이야기를 다뤄 우리를 신비롭고 친밀한 세계로 이끌었다. 그는 고도로 프로듀싱된 음악을 뒤로 하고 담백하고 시적인 가사에 집중함으로써 새로운 음악적 경로를 탐색했다. 신스팝으로 변신한 『1989』이 스위프트 판 '아이폰 모멘트'였다면 『포크로어』와 『에버모어』는 신스팝을 배제하고 인디 포크, 얼터너티브 록에 초점을 맞춘 또 다른 변신이었다.

끊임없이 진화하는 팔레트 : 스위프트 버전과 재창조의 예술

2021년 스위프트는 『피어리스』(2008)를 시작으로 6개의 과거 앨범을 다시 녹음한다는 대담한 결정을 내렸다. 음악 산업과 브랜드 전략사에서 전례 없는 행보였다. 이는 단순히 자신의 뿌리를 되돌아보겠다는 것이 아니라 예술적이고 상업적인 측면에서 자신의 내러티브를 되찾아 새롭게 쓰겠다는 의미였다. 이 앨범에서 그는 친근한 향수를 불러일으키면서도 성숙함을 더하여 미묘하게 변화된 음악성을 드러냈다. 앨범 커버에도 이러한 느낌을 담았다. 하얀 블라우스를 입은 클로즈업 사진을 통해 첫 발매 당시의 발랄한 컬과 원피스와는 대조적인 분위기를 연출했다.

스위프트는 앨범 커버를 통해 시각적 브랜딩을 시도한다. 각 커버는 그 시기의 음악적 여정과 이미지의 변화를 반영한다. 그의 이름을 딴 데뷔 앨범 『테일러 스위프트』와 『피어리스』 커버는 활기찬 세피아 톤으로 젊음을 표현했으며, 『레퓨테이션』 시대에는 더욱 드라마틱한 레드와 블랙으로 변화를 주었다. 이어진 『포크로어』와 『에버모어』에서는 톤 다운된 색상과 자연을 연상시키는 이미지로, 인디 포크와 얼터너티브 록 장르의 섬세하고 몽환적인 느낌을 완벽하게 담아냈다. 스위프트의 음악적 진화와 개인적 성장을 담은 앨범 커버는 그의 브랜드가 어떻게 발전해 왔는지 한 눈에 보여주는 시각적 소통의 통로다. 각 앨범 커버의 시각적 이미지는 단순한 미학적 선택을 넘어서, 각 앨범의 분위기와 메시지를 섬세하게 담아내는 전략적 브랜딩이라고 할 수 있다.

✦ 새로운 이정표 : 「디 에라스 투어」

스위프트의 여정을 관통하는 뚜렷한 특징 중 하나는 마치 옷을 갈아입듯 쉽게 장르를 바꾸며 변신하는 능력이다. 컨트리 팝에서 시작한 그는 『레드』를 통해 팝의 요소를 더하고, 『1989』에서는 완전한 팝 가수로 변신했다. 이어진 『레퓨테이션』에서는 어두운 톤을, 『포크로어』와 『에버모어』에서는 인디 감성을 전면에 내세웠다. 이처럼 스위프트의 디스코그래피는 특정 장르에 갇히지 않는다. 다양한 장르를 통합해 새로운 팬층을 끌어들이고 기존 팬들에게도 끊임없이 색다른 모습을 탐색할 기회를 준다. 스위프트의 독보적인 장르의 유연성은 뉴 노멀을 만들고 있다.

2023년 스위프트는 여섯 번째 콘서트 투어 「디 에라스 투어」로 자신의 음악 여정에 새로운 장을 열었다. 스위프트는 2022년 열 번째 정규 앨범 『미드나이츠Midnights』를 발매하면서 자신의 음악적 여정과 각 시대를 모두 아우르는 「디 에라스 투어」 계획을 발표했다. 규모뿐 아니라 범위 면에서도 혁신적이었다. 투어는 2023년 3월 17일 미국 캘리포니아주 글렌데일에서 2024년 11월 23일 캐나다 토론토로 이어지는 1년 8개월의 대장정이다. 그는 투어를 통해 지금까지 만들어온 곡과 아티스트로서의 진화 과정을 포괄적으로 보여줄 것이라고 밝혔다.

총 10막, 44개의 곡으로 구성된 3시간이 넘는 공연들은 스타디움 콘서트의 한계를 새롭게 정의했다. 각 시대를 알리는 막이 열릴 때마다 스위프트의 앨범들은 새로운 생명력을 얻는다. 스위프트는 음악성, 가창력, 체력, 그리고 다재다능함을 다방면으로 보여줬다. 비평가들은 이 투어의 콘셉트, 제작, 미학, 몰입감 넘치는 분위기에 하나같이 찬사를 보냈다.

무엇보다 「디 에라스 투어」는 독보적인 경제 현상으로 자리매김했다. 관객 수요, 티켓 판매, 공연장 각 부문에서 전 세계적으로 전례 없는 기록을 세웠다. 공연 수요가 폭발하면서 의회 청문회가 열렸고, 티켓 가격 규제 및 암표 금지법이 도입됐다.[10] 전 세계 비즈니스와 관광 산업도 활기를 띠었다. 뉴스와 소셜 미디어는 스위프트의 공연 이야기로 가득 찼고, 여러 국가와 단체들은 그의 공연에 주목했다.

「디 에라스 투어」의 티켓 예매는 중요한 문제였다. 글로벌 예매 플랫폼으로 관련 기술을 선도하고 있는 티켓마스터ticketmaster가 공식 파트너였지만, 폭발적인 수요로 웹 사이트가 다운되는 등 심각한 기술적 오류가 발생했다. 이로 인해 여러 주와 연방, 의회 차원에서 조사가 시작되었고 결국 '정크 요금 금지법'이 통과됐다.11

「디 에라스 투어」는 스위프트가 『미드나이트』 앨범의 확장판, 『스피크 나우Speak Now』와 『1989』 테일러 버전 등 다채로운 작업 결과물을 선보이는 플랫폼이기도 했다. 공연 실황을 담은 영화 『테일러 스위프트: 디 에라스 투어』는 2023년 10월 13일 극장에서 개봉했고, 미국에서만 1억 7800만 달러 이상의 수익을 올렸다.

「디 에라스 투어」의 성공은 국제적 현상으로 확대됐다. 전 세계 정치인과 정부 관계자들이 자기 도시로 와달라고 러브콜을 보내기 시작한 것이다. 요청이 쇄도하자 공연 일정이 추가되기도 했다.

---

10 암표, 정크 요금 등 티켓 예매 플랫폼 문제에 대한 의회 청문회가 열렸다. 암표상 (reseller)이 표를 대량 사재기하기 위해 봇(bot)을 활용해 티켓 판매 사이트인 티켓마스터에 동시 접속했고, 사이트가 수시로 다운되면서 많은 팬들이 표를 구하지 못했다. 암표 가격은 치솟았다. 티켓 재판매 사이트인 스텁허브에서는 한 장에 3만 5000달러에 판매되기도 했다.

11 티켓마스터가 2022년 11월에 온라인 판매를 일방적으로 취소하면서 정크 요금이 큰 논란이 되었다. 조 바이든 대통령이 직접 나서 티켓 판매 업체들이 과도한 수수료를 부과하지 못하도록 조치를 취했고, 사전에 티켓 가격을 투명하게 공개하라고 지시했다. 당시 미 주요 티켓 판매 업체은 주문 금액에 30% 이상의 수수료, 정크 요금을 부과했다.

제외된 국가의 팬들과 관료들은 계속해서 청원과 요구를 이어갔다.

「디 에라스 투어」의 엄청난 규모는 이 공연을 일반적인 순회 공연 이상의 의미로 격상시켰다. 경제에 영향을 미치고 법률 개정을 촉발한 글로벌 이벤트로, 라이브 음악 산업이 달성할 수 있는 새로운 표준을 제시했다. 스위프트는 「디 에라스 투어」를 통해 자신의 음악적 여정을 새롭게 정립하며, 업계에 새로운 벤치마크를 세웠다.

스위프트의 이미지와 음악의 지속적인 진화는 모든 산업에서 동시대성을 유지하며 장수할 수 있는 방법을 알려주는 로드맵이다. 그는 변화를 시도할 때마다 과거의 자신을 그대로 이어간다. 기존 브랜드와의 연결 고리를 완전히 끊지 않고, 그 위에 새로운 무언가를 쌓아가며 지속적으로 자신을 재창조한다.

다음 장에서는 스위프트의 음악 여정과 비즈니스의 핵심 원칙이 어떻게 교차하는지 더 자세히 다뤄보려 한다. 스위프트의 재창조 능력은 브랜드의 지속 가능성, 고객 충성도, 그리고 혁신과 일관성의 균형을 유지하는 섬세한 기술에 대한 소중한 수업을 제공한다.

역자 노트 : 다층적 경험 설계와 대화를 통한 브랜드 관리 전략

스위프트는 과거 앨범을 재녹음하면서 브랜드 경험을 다층적으로 설계하고 전략적으로 관리했다. 재녹음 앨범을 '테일러 버전 Taylor's Version'이라는 이름으로 발표했다. 이는 팬들에게 음악의 소유권에 대한 스위프트의 정당성을 강조하는 장치였다. 팬들이 테일러 버전을 선택한다는 것은 그의 예술적 통제권을 회복하려는 투쟁을 지지한다는 의미였다.

스위프트는 재녹음 과정의 세부 내용을 소셜 미디어를 통해 꾸준히 공유하며 소통했다. 팬들은 스위프트의 여정에 직접 참여하고 있다는 느낌을 받았고, 이를 통해 더 개인적인 브랜드 경험을 했다. 새로운 콘텐츠도 제공됐다. 재녹음된 앨범에 'From the Vault(금고에서 꺼내온)'라는 이름으로 미발매 자작곡들을 담았다. 단순히 옛 곡을 다시 듣는 것을 넘어 새로운 경험을 만들어낸 것이다. 이는 과거의 스위프트와 연결된 정서를 유지하면서도 브랜드 경험을 업데이트하는 효과를 가져왔다.

스위프트는 재녹음 과정을 자신의 권리와 예술적 자유를 되찾는 서사로 의미화했다. 팬들은 이를 스위프트 브랜드의 중요한 서사로 인식하며, 그의 투쟁과 가치를 적극적으로 지지하게 되었다. 이러한 내러티브 전략은 감정적 연결을 강화하는 강력한 도구로 작용하며 브랜드 경험을 효과적으로 관리했다.

스위프트의 브랜드 관리는 팬들과의 대화 속에서 이루어진다. 스위프트는 가사와 앨범 노트, 뮤직 비디오에 암호화된 메시지와 단서를 숨겨 팬들과의 연결을 만들어왔다. 대표적 사례로 『스피크 나우』 앨범의 부클릿에는 각 노래마다 대문자로 숨겨진 단어를 삽입했다. 이 단어들을 연결하면 특정한 메시지가 나오는데, 팬들에게 곡의 배경이나 영감을 알리는 내용이다. 예를 들어, 「Back to December」의 숨겨진 메시지 'TAY'는 배우 테일러 로트너Taylor Lautner와의 연애를 암시한 것으로 해석되었다. 「Enchanted」라는 곡의 숨겨진 메시지는 'ADAM'으로, 이는 스위프트가 밴드 아울 시티 Owl City의 애덤 영Adam Young과의 만남을 통해 영감을 받았다는 추측을 불러일으켰다. 스위프트는 이 곡에서 누군가를 처음 만났을 때 느꼈던 설렘과 경이로움을 표현했다.

　　뮤직 비디오에서도 스위프트는 상징과 암호를 적극 활용했다. 「Look What You Made Me Do」 뮤직 비디오에서 등장한 뱀의 이미지는 스위프트가 2016년 칸예 웨스트와의 논란 이후 소셜 미디어에서 뱀처럼 교활하다는 비난과 함께 뱀 이모티콘으로 조롱받았던 사건을 상징한다. 스위프트는 이를 의도적으로 활용해 비난을 극복하고 승리하는 이미지를 구축했다. 「You Need to Calm Down」 뮤직 비디오는 성 소수자 권리를 지지하는 다양한 상징적 메시지를 담고 있다. 타로 카드에 'Equality'라는 문구를 삽입해 지지를 표현했다. 이러한 상징들은 팬들과 소통하는 강력한 수단이 되었다. 스위프트는 팬들의 호기심과 관심을 끌어내며 끊임없이 대화하는 방식으로 브랜드의 매력을 극대화하는 데 성공하고 있다.

"제가 정의하는 컨트리 음악은 단순해요. 누군가가 자기의 삶,
자기가 알고 있는 것에 대해 진정성을 갖고 노래하는 거죠."

- 2012년 10월 22일 『롤링 스톤』 인터뷰에서

3

초기 타깃 :
컨트리 음악을 공략하다

2006년, 테일러 스위프트는 꿈과 기타 하나밖에 없었던 무명의 아티스트였다. 하지만 그에게는 마케팅 구루와 같은 비범한 직관이 있었다. 자신이 공략해야 할 대상이 누구인지, 그들과 어떻게 관계를 맺어야 할지 정확히 알고 있었다.

창업 초기 테크 스타트업들은 특정 기술에 열광하는 애호가들을 잠재 고객으로 삼는다. 미국의 글로벌 소프트웨어 기업 세일즈포스도 오라클이나 SAP와 같은 대기업이 선점한 CRM 시장에서 클라우드 기반 솔루션이라는 틈새 시장을 공략했다. 스위프트 역시 데뷔 초기에 전통과 스토리텔링, 진정성을 중시하는 컨트리 음악 팬들에게 예술적 에너지를 집중하며 유사한 전략을 취했다. 컨트리 음악을 틈새 시장으로 보기는 어렵다는 의견도 있을 것이다. 하지만, 음악의 여러 장르 중에서도 컨트리 음악은 특정 코드와 가치를 지향하는 독특한 생태계를 형성하고 있다. 새로운 시장을 개척하려는 비즈니스 리더에게 이러한 미묘한 차이는 중요하다.

✦ 특정한 고객을 겨냥한 창의적 비전

스위프트가 초기 활동 과정에서 컨트리 음악 팬들에게 다가간 방식은, 안경 브랜드 와비파커Warby Parker가 온라인에서 스타일리시하고 합리적인 가격의 안경을 선보였을 때와 비슷하다. 베타 제품 출시 전략처럼, 스위프트는 초기 타깃 청중을 집중적으로 공략해 자신의 음악과 메시지에 공감할 팬들을 찾았다.

와비 파커는 안경이 지나치게 비싸다는 단순하지만 강렬한 깨달음을 얻은 4명의 친구가 2010년 창업한 회사다. 그들은 중간 유통 단계를 없애고 소비자 직접 판매Direct to Customer·D2C 방식을 선택해 가격을 낮췄다. 스타일을 중시하지만 예산에 민감한 소비자들에게 합리적인 가격의 제품을 제공하며, 대기업들이 놓친 틈새 시장을 공략했다.

하지만 와비파커가 풀어야 할 숙제도 만만치 않았다. 안경은 패션 액세서리가 아니라 의료 기기라는 경계 조건1이 대표적이다. 와비파커는 이를 극복하기 위해 고객이 다섯 개의 안경테를 고르고 무료 배송으로 집에서 시험해 볼 수 있는 '홈 트라이온Home Try-On' 프로그램을 개발했다. 이 혁신적인 프로그램은 매장 경험을 집 안으로 옮겨 고객들에게 편리한 구매 경험을 제공했다. 초기 고객에게 상품을 전달하는 수단이었을 뿐 아니라, 기업의 혁신적 이미지를 구축하는 데에도 기여한 전략이었다.

와비파커는 섬세하게 기획한 스토리텔링과 브랜드 이미지를 통해 특정 고객층을 겨냥했다. 지적 호기심과 자선 활동에 관심이 많은 고객을 타깃으로 '안경 하나를 사면 하나를 기부한다Buy a pair, give a pair'는 캠페인을 전개했다. 스위프트 역시 컨트리 음악 팬들이 중요하게 여기는 일상적 이야기의 가치를 이해하고 있었다.

스위프트가 소셜 미디어 플랫폼을 통해 팬들에게 일상의 모습을 공유하며 친밀감을 높였던 것처럼, 와비파커는 디자이너와의 Q&A 세션을 마련하거나 제작 과정을 공개하며 소비자들과 상호작용하는 내러티브를 만들었다. 소셜 미디어를 통해 고객의 반응을 신속하게 파악해 제품 개발과 고객 서비스 향상에 반영했다. 이러한 접근 방식은 그들의 제품과 서비스를 미세 조정하고 고객의 기대에 부응하도록 돕는 중요한 수단이 되었다.

결과는 어땠을까. 작은 온라인 스토어로 시작한 와비파커는 안경 업계를 뒤흔드는 혁신 기업으로 성장했다. 이들은 틈새 시장을

---

1   기업이 직면한 특정 시장 상황이나 제약을 의미한다. 미국 시장에서 안경 사업의 경계 조건은 의료 기기이므로 처방전이 필요하고, 품질 관리나 안전성에 대한 규제와 인증이 더 엄격하다는 것이다. 또한 안경을 사용자에게 맞추는 정확성도 갖춰야 한다. 와비파커는 창업 당시 온라인으로 처방전을 제출하면 안경을 구매할 수 있는 온라인 플랫폼이었고, 이후 온라인 시력 검사를 통한 처방전 발급이라는 혁신을 도입했다.

정확히 파악하고 그 시장을 피부로 느끼는 소비자들을 겨냥해 혁신적인 솔루션을 선보이면서 놀라운 성공을 거뒀다.

스위프트의 초기 히트곡인 「Tim Mcgraw」와 「Teardrops on My Guitar」는 타깃 시장의 욕구와 기대를 세심하게 반영한 제품이라고 할 수 있다. 젊은이들의 사랑과 상처를 다룬 이 두 곡은 컨트리 음악 팬들이 여러 세대에 걸쳐 소중하게 여겨온 평범한 삶의 감정을 다루는 이야기를 진정성 있게 들려주었다. 스위프트는 데뷔한 해인 2006년 여러 컨트리 음악 시상식에서 신인상을 수상하며 큰 성공을 거두었으며, 젊은 세대가 컨트리 음악을 더 친숙하게 느끼는 데 기여했다.

✦ 하이엔드에서 대중 시장으로

스위프트는 전통적인 컨트리 사운드에 팝의 에너지를 결합해 팝-컨트리Pop-Country2 장르로 자신의 음악을 새롭게 정립하며 두각을 나타냈다. 이는 고급 전기차에 주력하다가 점차 대중적인 모델로 제품군을 확장한 테슬라의 전략과도 비슷하다.

테슬라는 전기차 업계에서 틈새 마케팅의 대표적인 사례다.

---

2   컨트리 음악의 전통적인 요소에 팝 음악의 멜로디와 편곡을 접목시켜 대중적인 매력을 더한 스타일로, 넓은 팬층을 확보하기 위해 만들어졌다. 1960년대 형성되기 시작해 1970년대와 1980년대 두드러지게 발전했다. 케니 로저스(Kenny Rogers), 돌리 파튼(Dolly Parton) 같은 아티스트들이 이 장르를 대표하는 초기의 성공 사례다. 1990년대에 들어서 셰릴 크로우(Sheryl Crow), 샤니아 트웨인(Shania Twain), 페이스 힐(Faith Hill) 같은 아티스트들이 현대적으로 재정립했다.

2003년 일론 머스크가 설립한 테슬라는 창업 초기에는 일반 대중을 위한 전기차가 아니라 하이엔드 스포츠카인 '테슬라 로드스터' 생산에 주력했다. 지속 가능성에 관심은 있지만 차량 성능을 포기하지 못하는 고소득층 소비자를 대상으로 한정된 시장을 공략한 것이다. 이 전략을 통해 테슬라는 전기차가 빠르고 매력적일 수 있다는 것을 증명했으며, 경쟁자가 없는 시장을 만들어냈다.

테슬라는 초기에 고성능의 고급 전기차에 집중함으로써 차별화에 성공했다. 곧이어 기술 개발과 생산 비용 절감을 통해 대중 시장으로 점차 확장했다. 고속 충전 네트워크인 수퍼차저 충전소를 비롯해 태양광 패널, 가정용 배터리 시스템, 자율 주행 기술까지 아우르는 광범위한 제품 생태계를 구축한 것이 현재다. 마치 스위프트가 컨트리 음악을 기반으로 종합적인 문화 경험의 생태계를 구축한 것처럼, 테슬라 역시 소비자들이 몰입할 수 있는 세계를 창조했다. 테슬라는 지속 가능한 에너지 생태계를 중심으로 기술과 비전이 연결된 하나의 종합적인 세계관을 제시하고 있다.

테슬라는 공인의 위치에서 발생하는 장점과 리스크의 양면을 잘 보여주는 사례이기도 하다. 창업자 일론 머스크의 개척 정신과 선구적 목표는 많은 테슬라 팬들에게 큰 반향을 일으켰으나, 소셜 미디어에서의 돌발 발언은 종종 역효과를 낳았다. 머스크가 트위터(현재의 X)에 테슬라를 비공개 회사로 전환(상장 폐지)하려 한다는 글을 올려 미국 증권거래위원회Securities and Exchange Commission·SEC의 조사를 받고 테슬라 주가에도 악영향을 미친 일이 대표적이다. 머스크나 스위프트 같은 공인은 개인을 넘어 브랜드와 산업 전체를 대표한다. 모든 행동은 막대한 파급 효과를 낳을 수 있다.

머스크를 둘러싼 온갖 논란에도 불구하고, 테슬라는 전기차 시장에서 여전히 굳건한 입지를 자랑하고 있다. 테슬라의 성공 스토리는 시장 차별화의 중요성, 생태계 구축의 힘, 그리고 CEO의 존재감으로 인한 기회와 리스크를 잘 보여주고 있다.

✦ 고객 중심 비즈니스

스위프트는 대중에게 다가가는 유통 채널이 중요하다는 사실을 간파했다. 그는 컨트리 음악 팬들이 주로 모이는 곳을 찾아갔다. 컨트리 라디오 방송국, 페스티벌, 시상식, CMT 같은 컨트리 음악 TV 채널[3], 그리고 온라인 커뮤니티 등 컨트리 음악 팬들이 주로 모이는 플랫폼을 통해 자신의 음악을 알리고 팬들과 소통했다. 기술 마니아들이 자주 드나드는 플랫폼에 SaaS 제품을 출시해 초기 수요를 확보하는 테크 기업들의 전략과 비슷하다. 스위프트에게 음악 팬들을 안다는 것은 단순히 잠재 고객이 어디에 있는지를 안다는 것뿐 아니라 이들과 어떻게 관계를 맺어야 하는지 아는 것이다. 이런 관점에서 세일즈포스의 사례와 비교할 만하다.

---

3 CMT(Country Music Television)는 1983년에 설립된 미국의 케이블 및 위성 텔레비전 채널로, 주로 컨트리 음악과 관련된 뮤직 비디오, 공연, 특집 프로그램을 방영한다. CMT는 컨트리 음악 팬들에게 인기 있는 플랫폼으로, 웹사이트나 소셜 미디어 채널은 팬들이 소통하고 최신 음악 이벤트 정보를 얻는 공간이다.

1990년대 말, 세일즈포스 창립자 마크 베니오프Marc Benioff는 '인터넷을 통해 소프트웨어를 제공하면 어떨까' 하는 단순하지만 혁신적인 아이디어를 갖고 있었다. 그는 클라우드 기반 서비스를 통해 CRM 도구를 제공하면서 소프트웨어 업계의 기존 관행에 도전장을 내밀었다. 지금이야 일반적이지만 당시만 해도 이런 접근법은 기업들이 세일즈, 고객 서비스, 마케팅을 관리하던 전통적인 방식을 뒤흔드는 급진적인 발상이었다.

　　세일즈포스는 번거로운 설치, 값비싼 비용, 복잡한 사용자 인터페이스에 염증을 느낀 소비자층을 발견했다. 그래서 대기업이 사용하는 복잡한 CRM 시스템을 운영하기에는 리소스가 부족한 중소기업을 공략하기로 했고, 세일즈포스는 업계 패러다임을 완전히 뒤바꿔 놓았다.

　　스위프트가 팬들의 마음에 공감을 일으킬 수 있는 음악으로 철저히 준비한 뒤 컨트리 음악 세계에 뛰어든 것처럼 세일즈포스 역시 초기 몇 년 동안은 시장을 면밀히 파악하는 데 집중했다. 세일즈포스는 편리한 솔루션을 제공하는 데 그치지 않고, '커스터머 360 Customer 360'이라는 선구적인 콘셉트를 제시해 기업들이 고객과 관련된 세일즈, 서비스, 마케팅 정보를 한 곳에 모아 총체적인 관점에서 파악할 수 있도록 했다.

　　스위프트와 세일즈포스를 함께 살펴야 하는 가장 큰 이유는 고객 참여 전략에 있다. 세일즈포스는 비즈니스의 특정한 니즈에 맞게 활용할 수 있는 플랫폼을 출시했고, 고객들은 세일즈포스의 앱

마켓 앱익스체인지AppExchange에서 필요한 애플리케이션을 추가해 기능을 확장할 수 있었다. 스위프트가 팬들에게 소셜미디어부터 전용 팬클럽 멤버십까지 다양한 참여 플랫폼을 제공한 것처럼 말이다.

세일즈포스의 연례행사인 드림포스Dreamforce는 스위프트의 콘서트와 인터뷰 같은 역할을 했다. 이 행사는 기조연설, 워크숍, 네트워킹 기회를 제공하는 몰입형 경험을 선사하며, 세일즈포스의 가치를 진정성 있게 전달할 수 있는 스토리텔링의 장으로서 고객과의 유대를 강화했다.

고객 중심 운영은 모든 비즈니스의 핵심이다. 세일즈포스와 스위프트는 한 번의 거래로 고객을 얻는 것이 아니라 상호 이익과 신뢰를 바탕으로 관계를 구축해야 고객의 마음을 얻을 수 있다는 점을 잘 알고 있었다.

✦ 실시간 대중 테스트

스위프트가 2014년 첫 번째 팝 앨범인 『1989』을 발표했을 때, 대중 음악계의 충격은 애플이 자동차를 만들겠다고 선언한 것과 비슷했다.(현재 애플은 애플카 프로젝트를 중단했다.) 당시 팬들과 업계 관계자들 모두 스위프트의 행보에 놀랐다. 익숙했던 컨트리 음악을 벗어나 새로운 미지의 영역, 팝 음악으로 진출하는 순간이었기 때문이다. 하지만 많은 사람들이 놓친 것은 이 위험한 결단이 치밀한 계산을 바탕으로 하고 있었다는 점이다.

스위프트는 시장 점유율을 확대하려는 현명한 기업가처럼, 데이터를 기반으로 전략을 세웠다. 대중과 미디어의 시선 속에서 성장해 온 그는 음악적 진화 과정에서 '실시간 대중 테스트'를 할 수 있었다. 이전 앨범4에 수록한 팝-컨트리 곡들이 라디오에서 큰 인기를 끌자, 스위프트는 이를 성공으로만 보지 않고 시장의 수요로 해석했다. 시장 조사는 종종 숙련된 비즈니스 리더들조차 놓칠 수 있는 기회를 드러낸다. 스위프트는 팝 장르에서 기회를 포착한 것이다.

틈새 마케팅은 흔히 좁은 시장을 공략해 적은 보상을 얻는 전략으로 해석된다. 그러나 틈새 마케팅은 더 큰 성공으로 가는 발판일 뿐이다. 테슬라가 부유한 테크 애호가들을 대상으로 고가의 전기차를 먼저 출시한 것처럼, 스위프트도 컨트리 음악 팬들을 공략해 자리를 잡은 후 팝 시장으로 확장했다. 머스크의 진정한 꿈은 대중을 위한 전기차를 만드는 것이었다. 저렴한 모델3를 출시했을 때 이는 기존 고객층을 포기하는 것이 아니라 시장을 확장한 것이었다. 스위프트 역시 컨트리 시장을 버린 것이 아니라, 팝 음악으로 영역을 넓혔다.

스위프트의 음악적 변화는 스타일의 전환이 아니라 브랜드의 재창조reinvention였다. 그는 리브랜딩을 시도하고 있었다. 위험을 감수한 결정이었다. 수많은 기업들이 이미지 변신을 시도하다 실패했다. 대표적으로 코카콜라의 뉴 코크New Coke5가 그랬다. 하지만 스위프트

---

4   컨트리-팝 장르의 곡들은 스위프트의 초기 앨범들에서 주로 찾아볼 수 있는데, 특히 『피어리스』(2008)와 『스피크 나우』(2010)에서 이러한 스타일이 두드러진다.

는 치밀하게 계획된 다각화 전략을 통해 실패의 전철을 밟지 않았다.

애플은 처음엔 컴퓨터 회사였지만 이제는 모든 것을 판매하는 회사가 되었다. 아마존은 책을 판매하다가 모든 것을 팔기 시작했다. 스타벅스는 커피 원두를 판매하던 소규모 기업에서 글로벌 카페 체인으로 변신했다. 틈새 시장에서의 성공이 이 기업들에게 더 큰 시장을 향해 나아갈 자신감을 심어주었다. 넷플릭스도 DVD를 대여해주는 서비스에서 세계적인 스트리밍 플랫폼으로 성장했다. 지금은 다른 어떤 플랫폼보다 많은 오리지널 콘텐츠를 제작한다. 날카로운 관찰력과 철저한 시장 조사, 그리고 소비자 트렌드에 대한 이해 덕분에 가능한 일이다.

스위프트 역시 청중의 반응을 실시간으로 읽고 있었다. 신곡을 발표하거나 팬들이 콘서트에서 함께 노래를 부를 때마다, 실시간으로 자신만의 시장 조사를 수행한 셈이다.

스위프트의 팝 전환이 돋보이는 이유는 장기적 성공을 위한 핵심 열쇠인 고객과의 유대audience engagement를 유지하며 음악적 지평을 넓혔기 때문이다. 활동 초기부터 시작한 소셜 미디어 활동과 팬들과의 상호 작용은 주식 시장의 기업 공개IPO와 같은 신뢰 자산

---

5   1980년대 초반 펩시가 '펩시 챌린지' 같은 적극적인 마케팅으로 시장에서 성공을 거두자 코카콜라는 이에 대응하기 위해 좀 더 달콤하고 부드러운 맛을 가진 신제품을 개발했고, 1985년 뉴 코크를 출시했다. 그러나 소비자들은 새로운 맛에 저항하며 강력한 불만을 표출했다. 코카콜라는 결국 오리지널 레시피로 돌아가기로 결정한다.

을 쌓는 과정이었다.

하지만 그의 전략은 더 복잡한 환경에 놓여 있었다. 제품을 판매하는 것이 아니라, 그 자신이 곧 제품이었기 때문이다. 스위프트는 과거를 존중하면서도 미래를 대담하게 수용할 수 있는 방식으로 브랜드를 재정립했다.

스위프트는 소셜 미디어와 블로그를 통해 자신의 삶, 생각, 창작 과정을 공개하며 팬들에게 전례 없는 접근성을 제공했다. 그는 컨트리 음악 팬들이 진정성과 스토리텔링을 중요하게 여긴다는 것을 이해하고 있었다. 스위프트와 팬들의 관계는 상호적이다.

데이터 활용은 기업의 전략적 결정을 이끄는 보이지 않는 손이다. 하지만 중요한 것은 통찰력 있는 분석과 실행 가능한 구현이다. CRM 소프트웨어, 데이터 분석 플랫폼, 머신러닝 같은 도구를 통해 소비자 구매 패턴을 파악하고 시장 동향을 이해하며 미래 수요를 예측할 수 있다. 그러나 데이터의 맥락을 제대로 파악하지 못하면 잘못된 결정을 내릴 수 있다. 특정 계절에 판매가 잘 되는 제품이 있다면 그 이유를 이해하는 것이 중요하다. 계절적 트렌드일 수도 있고, 최근 마케팅 캠페인이 효과를 발휘한 결과일 수도 있기 때문이다. 데이터를 기반으로 한 전략에서는 이러한 '왜'와 '어떻게'를 이해하는 것이 핵심이다.

잠재 고객을 발굴하는 일은 하루아침에 이루어지지 않는다. 이는 데이터 분석과 창의적 직관이 결합된 지속적이고 신중한 과정이다. 첫 단계는 시장 조사로, 설문조사, 포커스 그룹, 경쟁력 분석 등을 통해 대상을 그려볼 수 있다. 하지만 이를 디지털 분석 도구로 보완해야 한다. 구글 애널리틱스, SEO 키워드 검색 등을 통해 잠재 고객의 온라인 행동과 관심사를 파악하고, 사이코그래픽 - 정보 가치, 태도, 관심사, 라이프 스타일을 이해하는 것이 중요하다. 이후에는 고객을 행동, 니즈, 사업적 가치에 따라 분류하고 세부화된 구체적 그룹에 맞춰 맞춤형 마케팅을 펼쳐야 한다. 모든 것을 걸고 시도하기 전에 소규모 마케팅을 통해 가설을 검증하는 과정도 필요하다.

통찰력을 바탕으로 실행하기 위해서는 다음의 세 가지 교훈을 깨달아야 한다. 첫째, 자신의 청중을 파악하라. 세일즈포스와 와비파커가 초기 시장을 정확히 포착한 것처럼 말이다. 둘째, 진입하려는 생태계를 이해하라. 생태계 참여 규칙은 미묘하고, 생각했던 것과 완전히 다를 수 있다. 셋째, 변화에 적응하라. 음악 산업과 마찬가지로 비즈니스 세계도 정적이지 않다. 테일러 스위프트, 와비파커, 세일즈포스, 그리고 테슬라 사례가 보여준 것처럼 상기석인 성공의 비결은 핵심 고객을 잃지 않으면서 끊임없이 진화할 수 있는 능력이다.

역자 노트 : 컨트리 공략과 팝으로의 전략적 확장

스위프트의 초기 곡들은 컨트리 음악 팬들의 마음을 사로잡는 요소로 가득했다. 스위프트는 2006년 데뷔 싱글 「Tim McGraw」로 컨트리 음악계에 등장하며 주목받았다. 이 곡은 이별 후 옛 연인이 컨트리 스타 팀 맥그로의 노래를 들으며 자신과 함께한 시간을 기억하길 바라는 감정을 솔직하게 담아내며, 컨트리 음악 특유의 서정성과 진정성을 잘 표현했다. 데뷔 앨범에 수록된 「Teardrops on My Guitar」는 짝사랑하는 친구가 다른 사람과 사랑에 빠진 모습을 보며 느끼는 슬픔과 상실감을 그린 곡이다. 사랑과 이별, 그리고 삶의 희로애락은 컨트리 음악의 핵심 주제다. 스위프트는 이러한 전통적 주제를 자신만의 이야기로 풀어내 진솔한 스토리텔링을 선호하는 컨트리 음악 팬들에게 깊은 공감을 불러 일으켰다.

특히, 곡 제목으로 등장한 '팀 맥그로'는 이름 이상의 의미를 지닌 음악적 장치였다. 팀 맥그로는 1990년대부터 여러 히트곡을 통해 컨트리를 이끌어온 상징적인 인물이다. 팀 맥그로의 정서 자체가 컨트리 음악의 정신을 대변했다. 스위프트는 팀 맥그로가 상징하는 그 감성을 자신의 곡에 고스란히 담아냈고 컨트리 팬들의 뜨거운 호응을 이끌었다. 컨트리 음악의 전통을 존중하면서도 자신만의 독특한 스타일을 덧입힌 것으로 평가받았다. 이 곡은 데뷔 초기 스위프트를 알리는 데 중요한 역할을 했다.

스위프트는 두 번째 앨범부터 컨트리와 팝의 경계를 넘나들기 시작했다. 팝-컨트리 장르를 처음 시도한 앨범 『피어리스』의 「Love story」, 「You Belong with Me」는 크게 성공하며 스위프트를 글로벌 스타로 만들었다. 이 앨범으로 그는 그래미 어워드에서 올해의 앨범상을 처음 받으며 그래미 역사상 최연소 수상 아티스트가 되었다. CMACountry Music Association 어워드에서도 올해의 앨범과 올해의 여성 보컬리스트 상을 받았다.

세 번째 앨범 『스피크 나우』 역시 팝-컨트리 장르의 작품으로 성공을 거두었다. 「Mine」이나 「Sparks Fly」 같은 곡에서 팝의 감각이 두드러졌다. 이 앨범은 빌보드 앨범 차트 1위에 올랐다. 팝 시장에서도 그의 영향력을 확립한 중요한 순간이었다. 컨트리 뮤직 차트에서도 상위권을 유지했다. 평론가들은 스위프트의 작사 능력과 공감할 수 있는 스토리텔링을 높이 평가했다. 스위프트의 진정성 있는 이야기는 팝 시장에서도 폭넓게 받아들여졌다.

스위프트는 세 번째 앨범 이후 더 과감하게 팝을 시도한다. 『레드』는 음악적 변화의 분수령이 되었다. 「I Knew You Were Trouble」, 「We Are Never Ever Getting Back Together」는 전자 비트와 신디사이저를 활용한 현대적인 팝 사운드를 선보였다. 「Begin Again」은 컨트리 발라드의 감성을 유지하는 곡이었다. 이 앨범은 발매 첫 주 120만 장이 팔리며 빌보드 앨범 차트 1위로 데뷔했다. 당시 여성 아티스트로는 최고 기록이었다. 앨범의 여러 곡들이 빌보드 싱글 차트 1위를 기록하며 상업적으로도 큰 성공을 거두었다.

이처럼 스위프트는 완전히 팝으로 전환한 앨범『1989』을 발표하기 전까지, 세 장의 앨범을 통해 팝 요소를 점차 강화하며 팬들과 시장의 반응을 확인했다.

"노래는 에세이처럼 보일수록 좋다. 공개 편지처럼 보일수록
좋다. 더 진실하고, 더 정직하며 실제적일수록 좋다."

– 2012년 11월 20일『송라이터 유니버스』인터뷰에서

4

스토리텔링 :
진정한 유대의 비밀

✦ **보편성과 진심 전략**

스위프트에게 '가사'는 문자 그대로든 비유적으로든 팬들의
마음을 울리기 위해 공들여 쓰는 내러티브다. '스위프트의 노래에는
이야기가 있다'는 정도의 표현으로는 그의 예술성을 과소평가하게
될 것이다. 스위프트의 리리시즘lyricism1은 그가 예리한 브랜드 전문
가, 고객 소통의 천재, 그리고 날카로운 비즈니스 전략가로 자리매
김하는 데 중요한 역할을 했다. 이번 장에서는 스위프트가 쓴 가사

---

1   사전적 의미는 예술적 표현의 서정성을 의미한다. 여기서는 스위프트의 가사 쓰
     기 능력을 의미하기도 하고, 그가 가사를 쓰는 철학, 방식, 서정적 가사의 특성 등
     을 모두 아우르는 의미로 볼 수 있다.

가 강력한 마케팅 도구로 작용한 사례를 살펴보고, 이를 비즈니스 맥락에서 해석해 볼 것이다.

스위프트 가사의 마법은 보편성universality에 있다. 사랑, 상실, 자아 발견 같은 주제는 누구나 인생에서 한 번쯤 겪는 경험과 관련이 있다. 스위프트의 스토리텔링은 그 안에 구체성을 더해, 보편적인 감정에 생명을 불어넣는 섬세한 균형을 갖추고 있다. 이러한 역학은 다양한 소비자를 대상으로 하면서도 특정 소비자 집단에게 소구할 수 있는 메시지를 전달하는 정교한 시장 세분화 전략과도 같다.

두 번째 앨범 『피어리스』의 수록곡 「Love Story」를 예로 들어보자. 이 곡은 희곡 「로미오와 줄리엣」을 현대판으로 재해석한 곡으로 고등학생 시절 사랑했던 소년과 자신을 비운의 주인공으로 묘사한 노래다. 표면적으로는 10대들의 사랑 노래처럼 보이지만, 그 이면에는 셰익스피어 같은 문학도, 낭만주의자, 첫사랑을 시작한 젊은이 등 다양한 집단을 공략하기 위한 치밀한 전략이 있다. 음악 지형에 대한 SWOT 분석을 실시하여 감정적 스토리텔링의 약점을 파악한 뒤, 부족한 부분을 보완한 훌륭한 결과물처럼 보인다.

SWOT 분석은 강점strengths, 약점weaknesses, 기회opportunities, 위협threats을 의미한다. 주로 비즈니스 전략에서 조직의 성공에 영향을 미치는 내외부 요인을 분석할 때 사용하는 기법이다. 강점과 약점은 기업이나 제품의 고유한 장점 또는 결함과 같은 내부적인 측면을, 기회와 위협은 시장 트렌드, 소비자 행동, 경쟁자들의 움직임 등 외부 요인을 일컫는다.

스위프트는 자신의 가사와 음악에서 강점을 발견하고, 다양한 대중에게 다가가지 못한 부분을 잠재적 약점으로 인식했을 것이다. 정서적 진정성을 담은 참신한 내러티브를 원하는 시장을 기회로 보고, 팝 시장의 피상적인 스토리텔링을 위기로 보았다. 총체적인 관점이 있었기에 스위프트는 다양한 청중이 여러 측면에서 공감할 수 있는 음악을 만들 수 있었다.

같은 맥락에서 스위프트의 노래가 어떻게 '정서적 통찰력'의 대표 사례가 될 수 있었는지 살펴보자. 감정적 공감 능력은 자신과 타인의 감정을 깊이 이해하고 표현하는 능력이다. 스위프트는 복잡한 관계와 사회적 역학을 탐구하며 팬들에게 카타르시스를 선사하고 자신감[2]을 북돋아주는 '상품'을 만든다. 자신의 경험과 감정을 진솔하게 담아내 팬들이 쉽게 공감할 수 있는 이야기를 전달한다. 그는 감정적 공감 능력을 통해 팬들과 강한 유대감을 형성해 왔다. 스위프트의 음악은 고객 경험을 최우선으로 여기는 잘 설계된 사용자 인터페이스처럼 대중들이 자신의 감정을 살펴볼 수 있는 안전한 공간이 되었다.

「Love Story」에서 스위프트는 "로미오, 나를 구해 줘요. 그들이 내 감정을 설명하고 있어요. 이 사랑은 어렵지만 진짜 사랑이에

---

2   스위프트와 팬들과의 소통에서 중요한 메시지이며 가치다. 단순히 힘을 실어주는 것을 넘어서, 개인이나 집단이 스스로 자신의 능력을 인식하고 자신감과 권한을 가지고 목표를 이룰 수 있도록 돕는 과정을 의미한다. 스위프트는 팬들이 스스로 주도적으로 행동할 수 있도록 자신감을 불어넣는다.

요."라고 노래한다. 이 내러티브에는 다양한 인간 집단의 마음에 공명을 일으키는 복잡한 감정이 담겨 있다. 사회적 잣대에 맞서 자신을 정의하기 위해 싸우는 모습은 청소년, 젊은이, 사랑에 빠진 적이 있는 모든 이들의 마음을 울린다. 이 곡은 단순히 10대들의 사랑 이야기가 아니라 사회적 혹은 가족의 규범에 저항하는 것에 관한 다층적 내러티브다. 이런 복잡하고 깊이 있는 가사는 스위프트의 노래를 감정의 놀이터로 만든다. 듣는 이들에게 사랑, 갈등, 결단 같은 감정을 살펴보게 하는 단서가 담긴 곡을 선보임으로써, 스위프트는 모든 브랜드가 열망하는 고객 몰입customer immersion을 구현했다. 스위프트는 4분짜리 노래를 하나의 경험으로 만들어 곡이 끝난 뒤에도 한참 동안 여운을 느낄 수 있도록 한다. 감정 이입이야말로 팬들을 단순한 음악 소비자가 아니라 스위프트라는 브랜드를 널리 퍼뜨리는 열렬한 브랜드 홍보 대사로 만들 수 있는 비결이다.

스위프트의 노래 가사는 정서적 유대를 뛰어넘어 충성스러운 팬층을 구축하는 핵심 요소다. 「You Belong with Me」나 「Blank Space」와 같은 곡들은 팬들의 정체성을 나타내는 상징이 되었다. 브랜드와 자신을 강력하게 '동일시identification'하는 고객층을 구축했다는 것은 지속 가능한 경쟁 우위를 확보했다는 말이다.

스위프트의 음악은 그가 인생의 여러 단계를 거칠 때마다 함께 성장했다. 그러나 그의 모든 앨범은 주제의 일관성으로 연결되어 있다. 일관된 내러티브는 시장의 역학 관계가 끊임없이 변화하는 비즈니스 세계에서 대단히 중요하다.

코카콜라나 레고 같은 회사를 떠올려보자. 이들은 오랜 세월 동안 점점 진화된 제품을 내놓았지만 브랜드 정신만큼은 일관성을 유지했다. 코카콜라는 소비자들의 입맛과 수요가 변화함에 따라, 클래식 코카콜라 외에도 다양한 제품군을 선보였다. 제로 콜라를 비롯해 다양한 맛의 콜라를 출시했고 에너지 드링크, 심지어 커피 맛 음료까지 내놓으며 브랜드 적응력을 입증했다. 그러나 어떤 제품을 내놓든 즐거움joy, 함께하는 경험togetherness, 청량함refreshment이라는 핵심 메시지는 변함이 없었다.

레고 역시 플라스틱 조립용 브릭 장난감 회사에서 시작해, 상당한 진화를 거듭해왔다. 레고는 비디오 게임과 앱을 통해 레고에 디지털 경험을 더했고, 「레고 무비」 시리즈로 영화 분야에 진출했으며, 테마파크까지 설립했다. 그러나 이 모든 레고 경험의 중심에는 창의성과 상상력을 자극한다는 핵심 테마가 굳건히 자리 잡고 있다.

두 회사는 브랜드의 핵심 본질을 잃지 않으면서도 변화하는 시장에 맞춰 성공적으로 진화한 사례다. 일관성과 적응력 사이에서 균형을 맞출 줄 아는 코카콜라와 레고의 능력은 새로운 장르와 정서적 영역을 탐색하면서도 주제의 일관성을 놓치지 않는 스위프트의 역량을 상기시킨다.

스위프트 노래 가사에 담긴 진정성은 투명성과 사회적 책임의 중요성을 일깨운다. 정보의 홍수 시대에 소비자들은 점점 더 철저하게 기업의 진정성을 검증하고 있다. 스위프트는 자신의 실수나 취약점을 이야기할 때나 시스템 문제를 지적할 때도 부끄러워하거나 숨기지 않고 솔직히 털어놨다. 그랬기 때문에 진실한 브랜드 이미지를 구축할 수 있었다. 비즈니스 언어로는 투명한 커뮤니케이션, 윤리적 비즈니스 관행, 주주와의 진정성 있는 상호 작용으로 해석할 수 있을 것이다. 파타고니아는 이와 같은 가치를 기업 DNA에 내재화한 브랜드다. 이 브랜드가 스위프트의 열성적인 팬 커뮤니티와 같은 충성도 높은 고객 기반을 구축한 것은 우연이 아니다.

✦ 서정적 스토리텔링과 가치 제안

스토리텔링은 인류의 문명만큼이나 오래됐다. 동굴 벽화에서 서사시에 이르기까지 인간은 스토리를 통해 자신과 자신을 둘러싼 세상을 이해했다. 스위프트는 이런 오래된 방식에 21세기적 감각을 더해 개인적인 이야기를 자신의 노래에 담아냈고, 스토리텔링 능력을 효과적으로 활용해 모든 브랜드가 원하는 충성도 높은 팬층을 만들었다.

스위프트는 팬들의 마음을 사로잡는 서정적인 이야기를 써내려간다. 오늘날 기업들 역시 제품이나 서비스를 고객의 마음에 깊이 와닿는 매력적인 이야기로 바꾸기 위해 노력하고 있다. 어도비는 단순한 소프트웨어 회사가 아니라, 창의력을 촉진하는 플랫폼으로 포지셔닝한다. 픽셀과 코드에 대한 이야기 대신 아티스트, 디자이너, 기업들의 비전을 실현시켜 주는 도구라는 이야기를 내세우는 것이다. 자사 소프트웨어를 통해 놀라운 작품과 디자인을 구현한 고객 후기를 정기적으로 공유함으로써, 자사 제품이 창의성 구현의 조력자라는 이야기를 강화해 나가고 있다.

이러한 내러티브는 소프트웨어 구매 행위를 단조로운 거래에서 정서적 투자로 바꿔놓았다. 고객과의 상호 작용은 단순한 거래에서 의미 있고 지속적인 관계로 발전됐다. 이 과정에서 고객은 단순히 제품 구매자가 아니라 스토리 구매자이며 더 큰 내러티브의 일부로 참여하게 된다. 인간 본성에 깊이 뿌리 박혀 있는 스토리텔링이야말로 스위프트가 음악이라는 매개를 통해 선보이는 기술이며, 동시에 고객들과 지속적인 관계를 구축하기 위해 기업들이 배우고자 하는 기술이다.

고등학교 1학년 시절 자전적인 이야기를 담아 쓴 곡 「Fifteen」을 보자. 이 노래는 사춘기 시절의 어색함과 취약함, 새로운 발견을 경험한 사람이라면 누구나 공감할 수 있는 곡이다. 스위프트의 개인적인 이야기가 폭넓은 대중의 공감을 얻어낼 수 있었던 이유는 무엇일까. 스위프트가 들려주는 경험이 자신의 이야기처럼 들렸기 때문일 것이다. 스위프트는 개인적인 여정을 보편적인 경험으로 만드는 데 타고난 재주가 있었고, 이것이 곧 스위프트의 천재성일 것이다.

스위프트는 "15살 때는 누군가가 사랑한다고 말하면 그 말을 믿게 되지"라고 노래하며, 누구나 겪는 사춘기 시절의 순진한 마음, 사랑과 우정을 신뢰하는 모습을 표현해 공감을 이끌어낸다. 이어 "살다 보면 풋볼팀 남자애랑 데이트하는 것보다 훨씬 멋진 일들을 하게 될 거야. 15살의 난 그 사실을 몰랐어"라는 가사로, 어린 팬들에게는 메시지를 준다. 어린 시절의 만남은 한순간에 사라지는 연기일 수 있으며, 앞으로 더 크고 넓은 인생의 가능성이 펼쳐질 것이라고 말이다.

스위프트가 만든 것은 음표로 구성된 노래가 아니라 많은 이들이 공감할 수 있는 '정서적 언어'였다. 풋볼 선수, 사랑에 대한 순진한 믿음 같은 개인적 경험을 모두가 공감할 수 있는 보편적이고 원형적인 이야기로 바꾼 것이다. 성공한 브랜드들이 물리적 필요뿐 아니라 정서적, 심리적 욕구가 담긴 제품이나 서비스를 출시한 것처럼 스위프트의 노래 「Fifteen」은 단순히 듣기 좋은 멜로디로 소비되는 노래가 아니었다. 4분이란 시간 동안 펼쳐지는 통과 의례를 통해 경고의 메시지와 함께 사춘기라는 터널의 끝에 빛이 있음을 들려주는 것이다. 그렇게 개인적인 추억을 보편적인 진리로 바꾸는 과정에서 최고의 공감력이 탄생했다.

비즈니스 관점에서 스위프트가 하는 일은 제품을 통해 매력적인 가치 제안을 하는 것이다. 여기서 가치란 수준 높은 멜로디나 곡의 제작 품질이 아니라 노래가 전달하는 스토리와 정서적 여정을 의미한다. 음악 팬들이 다른 곳에서 쉽게 할 수 없는 경험, 이러한 고유함 덕분에 스위프트는 독보적 차별성을 가질 수 있었다.

지속적이고 일관된 스토리텔링은 정서적 연결을 일시적인 것이 아닌 장기적인 관계로 변화시킨다. 마케팅 효과를 지속적으로 얻으려면 일회성 활동에 그치면 안 된다. 이는 시간을 두고 일관성 있게 직조해 나가는 거대한 내러티브의 일부로 작용해야 한다.

스토리텔링의 원칙은 브랜드 창립 선언문이나 미션 선언문 그 이상의 의미를 지닌다. 고객 후기, 우수 직원 소개, 잘 만든 사례 연구는 더 큰 브랜드 스토리를 구성하는 작은 내러티브가 될 수 있다.

스위프트의 진정성은 강력한 스토리텔링의 핵심 요소다. 이별의 아픔, 새로운 사랑, 심지어 동료 아티스트와의 불화를 노래할 때도 그는 쉽게 조작할 수 없는 진정성을 보인다. 진정성은 신뢰를 만들고, 신뢰는 장기적인 고객 관계를 구축하는 기반이 된다. 오늘날과 같이 소비자들의 불신이 팽배하고 브랜드 충성심이 오래 지속되지 않는 환경에서 신뢰의 가치는 그 어느 때보다 크다.

스위프트의 스토리는 그가 성장할 때마다 진화하는 특성이 있다. 항상 변화하는 그의 실제 경험을 반영하기 때문에 진부해질 수가 없다. 브랜드 스토리는 핵심 본질을 잃지 않으면서 변화를 수용할 수 있을 만큼 유연해야 한다.

스위프트의 성공적인 스토리텔링을 비즈니스 전략에 적용하고자 하는 기업들이 얻을 수 있는 교훈은 무엇일까. 바로 좋은 스토리, 특히 소비자들이 자신의 이야기라 생각하는 스토리의 힘을 과소평가해서는 안 된다는 것이다. 제품이든, 서비스든, 아이디어든 매력적인 내러티브가 차이를 만든다. 스위프트의 개인적인 스토리는 그에게 국한된 것처럼 보일 수 있지만, 그 이야기가 불러일으키는 정서적 반응은 보편적이다. 그리고 이것이야말로 모든 브랜드가 배워야 할 지점이다.

스위프트는 사랑, 상실, 자기 발견의 이야기로 대중의 마음을 사로잡아, 깊고 개인적인 유대 관계를 구축하며 평생의 팬으로 만들었다. 스위프트의 선례를 따른다면 기업들 역시 고객들과 유대 관계를 구축해 지속적인 성공을 가능케 하는 금광, 정서적 영역으로 들어갈 수 있을 것이다.

역자 노트 : 타고난 스토리텔러

테일러 스위프트는 2022년 뉴욕대 졸업 연설에서 이렇게 고백했다. "나는 12살 때부터 곡을 쓰기 시작했고 그 이후로 작곡은 내 삶을 이끄는 나침반이 되었다. 동시에 내 삶도 나의 글쓰기에 영향을 미쳤다. 비디오나 단편 영화를 연출하든, 투어 영상을 만들든, 무대에서 공연을 하든, 내가 하는 모든 일은 곡을 쓰는 것의 연장선에 있다. 때로는 단어의 연속이 나를 사로잡아 그것을 기록하기 전까지는 다른 것에 집중할 수 없게 만든다."

2022년 내슈빌 송라이터 어워드 수상 연설에서는, "노래를 쓰는 것은 나의 소명이며 그 소명을 일이라고 부를 수 있는 것은 커다란 행운이다. 그것에 대해 매일 감사해야 하며, 당신의 말을 들을 가치가 있다고 생각한 모든 사람들에게도 감사해야 한다."고 밝혔다.

스위프트는 이 자리에서 작사 방법을 공개하기도 했다. 스위프트는 노래 가사를 '퀼 가사Quill Lyrics', '만년필 가사Fountain Pen Lyrics', '글리터 젤펜 가사Glitter Gel Lyrics'라는 세 가지 유형으로 나누어 쓰는 방법을 설명했다. 퀼 가사는 깃털 펜으로 쓰듯 고전적이고 문학적인 표현을 사용하는 가사들이고, 만년필 가사는 세밀하게 관찰된 감정과 경험을 섬세하게 풀어낸다. 젤펜 가사는 밝고 캐주얼한 가사로 주로 신나고 긍정적인 순간을 담고 있다. 이어 10분 버전의 「All Too Well」을 어쿠스틱으로 선보였다. 테일러 버전으로 재녹음되면서 공개한 이 곡은 빌보드 싱글 차트 1위에 오른 최초의 10분 이상

길이의 곡이다.

스위프트는 10년 동안 탁월한 작곡 활동을 한 작곡가에게 수여하는 '송라이터 오브 더 데케이드Songwriter Of The Decade'를 수상한 최초의 여성 음악가이기도 하다.

스위프트의 스토리텔링은 학문적 분석의 대상이 될 만큼 강력하다. 미국의 여러 대학에서 관련 강의를 개설하고 있다. 스탠퍼드 대학교는 2023년 '미국의 마지막 위대한 작곡가: 에라스를 통해 보는 테일러 스위프트의 스토리텔링The Last Great American Songwriter: Storytelling with Taylor Swift through the Eras'이라는 강의를 개설했다. 2024년 하버드 대학교는 '테일러 스위프트와 그녀의 세계Taylor Swift and Her World'라는 강좌로 스위프트의 스토리텔링을 심층 분석하고, 그의 음악이 어떻게 사회적 맥락과 연결되며 청중에게 공감을 불러일으키는지 탐구한다.[3]

그의 스토리텔러로서의 재능은 어릴 적부터 두드러졌다. 12살 때 스위프트는 학교에서 큰 상처를 받은 경험이 있다. 당시 멋진 친구들 무리와 잘 지내고 있었지만, 어느날 갑자기 그들이 더 이상 자신과 친구로 지내지 않기로 결정한 것이다. 이유조차 알 수 없는 상

---

3   이 수업에서는 스위프트의 삶, 음악 커리어, 팬 문화 등을 다양한 문화적 맥락에서 탐구한다. 이를 통해 백인·(미국)남부·범대서양 텍스트와 퀴어(성소수자) 서브텍스트에 대한 해석을 배우며, 시인 윌리엄 워즈워스와 소설가 윌라 캐더의 작품을 비롯해 스위프트의 음악적 세계에 영향을 준 문학 작품들을 읽게 된다. 또한, 컨트리 음악의 여왕이라 불리는 돌리 파튼을 포함해 스위프트의 음악적 길을 개척한 여성 아티스트들의 유산도 살펴본다.

황에서 스위프트는 큰 혼란과 슬픔에 빠졌다. 그러나 스위프트가 위안을 삼았던 한 가지는, 집에 돌아와 이 경험에 대해 노래를 쓸 수 있다는 것이었다. 이렇게 그의 첫 번째 곡이 탄생했다. 특히 스위프트는 노래를 통해 그 상황을 결론 짓는 마지막 말을 스스로 정의할 수 있다는 점에서 큰 만족감을 느꼈다. "누군가가 당신에게 상처를 줬는데 그에 대한 노래를 쓰고, 그 노래가 라디오와 모든 곳에서 나온다면⋯. 글쎄요, 그게 당신이 상상할 수 있는 최고의 복수일 거예요."

스토리텔링 능력은 스위프트가 컨트리 음악의 새로운 가능성을 열어가는 데에도 중요한 역할을 했다. 2005년, 빅머신과 계약을 맺은 후 스위프트는 학교에서는 평범한 10대였지만, 밤이 되면 마치 45세가 된 것 같은 삶을 살았다. 학교가 끝나면 엄마가 그를 시내로 데려다주었고, 스위프트는 그곳에서 인기 작곡가들과 함께 노래를 쓰곤 했다. 당시 내슈빌에는 25세 미만의 소비자는 컨트리 앨범을 구매하지 않는다는 통념이 있었다. 그러나 10세 때부터 돌리 파튼Dolly Parton과 팻시 클라인Patsy Cline의 음악을 들으며 자란 스위프트는 말도 안 되는 생각이라고 확신했다. "라디오에서 들은 모든 노래는 결혼과 아이, 그리고 안정된 삶에 대한 것이었어요. 저는 그런 것에 공감할 수가 없었죠. 저는 몇 주 동안 사귀다가 저를 속인 남자에 대한 노래, 그리고 제가 겪고 있는 모든 일에 대한 노래를 계속 썼어요. 제 또래가 컨트리 음악을 쓴다면, 제 또래가 공감하지 않을 이유가 없다고 생각했어요."

첫번째 앨범 『테일러 스위프트』는 고등학생 시절 겪었던 불확실성과 자아 탐색에 관한 주제를 담고 있다. 수록곡 「A Place In This World」에서 그는 "내가 원하는 게 뭔지 몰라, 그러니까 묻지 마세요", "아직 알아내려고 노력 중이니까요"라고 노래하며, 성인이 되어가는 과정의 불안과 강인함을 말한다. 동시에 "내가 느끼는 감정을 느끼는 사람은 나뿐이 아니다"라는 메시지로 위안을 주었다. 실제로 많은 젊은 소녀들이 스위프트와 비슷한 감정을 느꼈다. 「Tied Together With a Smile」이라는 곡에서는 완벽한 삶을 사는 것처럼 보이지만 실제로는 거식증으로 고통받는 친구에 대한 가사로 10대의 불안감을 이렇게 노래했다. "넌 아무에게도 말하지 않지, 네가 그 완벽한 사람이 아닐지도 모른다는 걸", "미소로 모든 걸 묶어두지만, 너는 무너지고 있어"

스위프트의 스토리텔링 방식은 그의 작곡 과정에서도 뚜렷하게 드러난다. 스위프트의 이야기를 다룬 다큐멘터리 영화 「미스 아메리카나」에는 스위프트의 삭곡 과정이 여러 번 등장한다. 그는 녹음실을 오가며 서거나 앉기를 반복한다. 새벽 4시에 아이폰으로 녹음한 악상을 프로듀서에게 들려주며 흥얼거리고, 미처 완성하지 못한 가사는 그냥 읽는다. 그러다 즉석에서 멜로디를 붙이면 프로듀서가 사운드를 만들어 더한다. 작곡은 때로는 후렴구 한 구절에서, 때로는 첫 멜로디나 가사의 한 단어에서 시작된다. 마치 퍼즐의 한 조각을 단서로 전체 그림을 맞추는 것처럼 작곡한다. 때로는 최근 자신에게 무슨 일이 있었는지 프로듀서에게 이야기하며, 그 감정과 느낌을 노래로 만들고 싶다고 설명하는 것으로 작곡이 시작되기도 한다.

스위프트는 "노래는 에세이처럼 보일수록 좋다. 공개 편지처럼 보일수록 좋다. 더 진실하고, 더 정직하며 실제적일수록 좋다."[4] 고 설명한 적이 있다. 그래서 그는 언제 어디서나 불현듯 떠오르는 아이디어로 곡을 쓴다. 다독가인 그는 좋아하는 단어 목록을 만들어두고, 사람들이 일상적인 대화에서 자주 사용하는 표현도 기록해 두었다가 가사로 활용한다. 2024년 9월 현재 스위프트는 총 264곡을 빌보드 차트에 올렸으며, 59곡이 상위 10위 안에 들었다. 12곡이 1위를 차지했다. 이 모든 곡들은 스위프트가 직접 작사하거나 공동 작곡했으며, 대부분은 그가 공동 제작에도 참여했다.

테일러 스위프트의 빌보드 1위 곡

1. We Are Never Ever Getting Back Together(2012)
2. Shake It Off(2014)
3. Blank Space(2014)
4. Bad Blood(feat. Kendrick Lamar) (2015)
5. Look What You Made Me Do(2017)
6. Cardigan(2020)
7. Willow(2020)
8. All Too Well(Taylor's Version) (2021)

---

4 Songwriter Universe, Taylor Swift Talks About Her Album, Red, And Co-Writing with Max Martin, Shellback and Liz Rose, 2012.11.20

9. Anti-Hero(2022)

10. Is It Over Now? (Taylor's Version) (2023)

11. Cruel Summer(2023)

12. Fortnight(2024)

스위프트 주제 개설 강의

문학 ───────────────────────────

하버드대, 테일러 스위프트와 그의 세계(Taylor Swift and Her World), 2023

스탠퍼드대, 미국의 마지막 위대한 작곡가: 에라스를 통해 보는 테일러 스위프트의 스토리텔링(The Last Great American Songwriter: Storytelling with Taylor Swift through the Eras), 2023

스탠퍼드대, 올 투 웰(All too well), 2023

미주리대, 테일러 스위프토리: 데일러 스위프트를 통한 역사와 문학(Taylor Swiftory: History & Literature Through Taylor Swift), 2023

라이스대, 미스 아메리카나: 테일러 스위프트의 진화와 가사(Miss Americana: The Evolution and Lyrics of Taylor Swift), 2023

텍사스대, 테일러 스위프트 노래집(The Taylor Swift Songbook), 2022

음악 산업

뉴욕대 클라이브 데이비스 연구소, 창의적 음악 기업가로서 스위프트의 진화, 팝·컨트리 음악 작곡가의 유산, 청년과 소녀 담론, 현대 팝 음악에서 인종 정치학(Swift's evolution as a creative music entrepreneur, the legacy of pop and country songwriters, discourses of youth and girlhood, and the politics of race in contemporary popular music), 2022

UC버클리, 예술성과 기업가 정신: 테일러 버전(Artistry and Entrepreneurship: Taylor's version), 2024

어학

콜로라도 주립대, 스위프티를 위한 스페인어(Spanish for Swiftie Purposes), 2024

커뮤니케이션학

플로리다 주립대, 고급 글쓰기와 브랜딩: 테일러 버전(Advanced Writing and Branding: Taylor's Version), 2024

경제학

델라웨어대, 매혹적인 데이터: 숫자를 지식으로 전환하기(Data Enchanted: Transforming Numbers Into Knowledge), 2023

정치철학

브리검영대, 미스 아메리카나: 테일러 스위프트의 윤리와 사회
(Ms. Americana: Taylor Swift on Ethics and Society), 2024

문화비평

볼링그린 주립대, 미국의 팬덤, 테일러 스위프트(Fandom in the
US: Taylor Swift), 2024

법학

마이애미대, 테일러 스위프트의 렌즈로 보는 지적재산권법
(Intellectual Property Law Through the Lens of Taylor Swift),
2023

심리학

애리조나 주립대, 테일러 스위프트의 심리학: 사회심리학의
심화 주제들(Psychology of Taylor Swift: Advanced Topics of
Social Psychology), 2023

"저에게는 팬과 친구의 경계가 언제나 모호했어요.
저는 공연이 시작되기 전이나 끝난 후에 팬들과 어울려서
놀아요. 쇼핑몰에서 팬들을 만난다면, 저는 10분 동안
서서 대화를 나눌 거예요."

- 2015년 11월 24일, 『빌보드』 인터뷰에서

5
팬 인게이지먼트 : 스위프티 생태계를 구축하다

테일러 스위프트가 슈퍼스타로 떠오르면서 세상에 없었던 현상이 나타났다. 바로 스위프드와 팬들 사이에 형성된 '정서적 태피스트리emotional tapestry'다. 스위프트의 성공은 단지 음악적 재능에 기인하지 않는다. 팬들과의 상호 작용을 통해, 평생 팬이 될 수밖에 없는 팬 인게이지먼트 생태계fan engagement ecosystem를 구축한 덕분이다. 스위프티는 스위프트 내러티브의 중심에 있으며, 그의 성공에서 결코 부차적 존재가 아니다. 스위프트는 팬 인게이지먼트1를 홍보 활동의 차원을 넘어 성공을 위한 필수 요소로 여겼다.

✦ 정서적 투자와 주주로서의 소속감

감정 경제emotional economy의 핵심은 정교한 피드백 루프feedback loop2에 있다. 스위프트의 피드백 루프는 CD에 손 글씨 가사집을 넣어두어 팬들에게 놀라움을 선물했던 것과 같은 친밀한 상호 작용을 반영한다. 팬들이 그의 음악에 대한 소감을 소셜 미디어에 올리면, 스위프트는 그 반응을 주의 깊게 듣고 직접 댓글을 달거나 다음 곡에 반영하여 은유적으로 응답한다. 고객 서비스의 개념을 콜센터에서 예술의 영역으로 승격시킨 것 같은 행보다. 스위프트와 스위프티는 끊임없이 상호 작용한다.

스위프트의 피드백 루프는 재즈 앙상블에 비유할 수 있다. 스위프트가 신곡, 트윗, 제스처로 오프닝 멜로디를 연주하면, 팬들은 소셜 미디어나 팬 아트를 통해, 또는 스위프트를 따라 자선 행위를 함으로써 자신들만의 리프와 하모니를 즉흥 연주한다. 스위프트와 그의 팀은 팬들의 반응을 내재화하여, 이를 신곡이나 전략적 커리

---

1 팬들이 아티스트나 브랜드와 적극적으로 상호 작용하고 참여하는 것을 의미한다. 이는 단순히 콘텐츠를 소비하는 것을 넘어, 소셜 미디어, 콘서트, 팬 이벤트, 굿즈 구매 등을 통해 아티스트와의 정서적 유대감을 형성하고 지속적으로 관계를 유지하는 활동을 포함한다. 팬 인게이지먼트는 충성도 높은 팬층을 구축하는 핵심 요소로, 아티스트나 브랜드의 성공에 중요한 역할을 한다.

2 시스템의 출력 결과가 다시 입력으로 돌아와 시스템의 성능이나 행동을 조절하는 과정이다. 긍정과 부정 피드백 루프로 나누어 볼 수 있다. 기업이나 개인이 지속적인 개선을 위해 외부의 반응을 수집하고 이를 기반으로 전략이나 행동을 조정하는 데 중요한 역할을 한다.

어 변화 등 다음 행보에 반영한다. 팬들의 트윗이나 인스타그램 게시글, 유튜브 리뷰 영상 등 모든 것은 스위프트가 다음에 내놓을 작품에 반영되는 데이터 요소로 작용한다. 스위프트의 피드백 루프는 사전에 연출된 공연이라 느껴질 정도로, 상당히 매끄럽게 작동한다. 각각의 상호 작용은 브랜드 테일러 스위프트의 본질을 다듬고 재정립할 수 있는 기회이며, 그 과정에서 양측 모두 변화하는 변증법적 관계를 형성한다. 스위프트는 고객 서비스의 패러다임을 기계적인 모델에서 역동적이고 상호 창조적인 과정으로 바꿨다. 그 결과 브랜드와 고객 간 상호 작용에서 나타나는 비인격성을 뛰어넘으며, 21세기 소비자 참여의 새로운 표준을 정립했다.

스위프트는 팬들에게 소속감membership을 제공한다. 스위프트는 앨범 발매 전 팬들을 자신의 집으로 초대해 새 앨범을 같이 듣는 '시크릿 세션secret session'을 연다. 스위프트와 팬들은 폴라로이드 사진을 찍고, 스위프트가 직접 구운 쿠키를 나눠 먹으며 신곡에 대한 이야기를 주고받는다. 이는 참여형 브랜드로서는 최상의 구현이다. 스위프트는 자신의 창조적 여정에서 팬들을 주주처럼 대하며, 마치 이사회가 구성원의 의견을 수렴하듯 팬들의 피드백을 적극적으로 받아들였다.

팝 디바의 세계와 도소매업의 세계는 겉보기에는 전혀 다르게 보일 수 있다. 그러나 코스트코의 전략을 살펴보면, 그 둘의 차이는 줄어든다. 코스트코는 넓은 복도에 대용량 상품을 진열해 놓고 판매하는 창고형 할인 매장이자, 멤버십 문화를 만드는 데 있어 장인의 경지에 오른 기업이다. 코스트코의 멤버십은 할인 상품을 구매할 수 있는 티켓이 아니라, 그들만의 생태계로 들어가기 위한 여권이다. 특별 이벤트, 회원 전용 할인, 관대한 반품 정책은 모두 신뢰와 상호 이익을 촉진하는 환경을 조성한다. 고객들은 커뮤니티의 일원이 되기 위해 기꺼이 연회비를 지불하며, 이를 통해 단순한 거래 구매자가 아닌 코스트코에 투자한 주주가 된다.

　이 심리는 미묘하지만, 그 영향력은 강력하다. 코스트코는 멤버십 모델을 활용해 익명의 쇼핑 행위를 일종의 사교적 참여 행위로 변모시켰다. 코스트코는 멤버십 회원들을 개별적으로 바라보고, 그들이 가치 있는 존재임을 느끼게 했다. 가장 중요한 것은 이를 통해 고객들의 매장 재방문과 지출 가능성을 높였다는 점이다. 코스트코의 멤버십 모델은 충성도와 소비자 만족도가 점점 커지는 자기 강화 사이클을 만들어냈다. 그 과정에서 고객 충성도가 매우 높은 브랜드 요새가 구축된다. 마찬가지로 스위프트는 시크릿 세션을 진행하고 소셜 미디어에서 팬들과 상호 작용하며 그들을 투자 주주로 만들었다. 이러한 심리적 뉘앙스를 이해함으로써, 코스트코와 스위프트는 개별 고객과 팬들을 커뮤니티로 전환했고, 일반적인 소비자 모델을 훨씬 뛰어넘는 정서적 고객 유지emotional retention3에 성공했다.

　또한 스위프트는 정량적 빅데이터big data뿐만 아니라 정성적인

3　고객이 특정 브랜드나 제품에 대해 지속적인 정서적 유대감을 형성하고 이를 통해 장기적으로 그 브랜드나 제품을 계속 이용하는 것을 의미한다. 정서적 고객 유지는 정서적 유대감, 고객 경험, 공동체 의식, 지속적인 상호 작용 등으로 구성된다.

두터운 데이터thick data의 중요성에도 주목했다. 스위프트는 알고리즘에만 의존하지 않고, 소셜 미디어를 통해 팬들이 무엇을 좋아하고 싫어하는지 취향과 반응을 세심하게 파악하며, 이를 반영한 맞춤형 선물로 팬들에게 놀라움을 선물했다.

대중의 심리에 따라 기업의 생사가 결정되는 불안정한 환경에서 스위프트는 헌신적인 팬층을 기반으로 정서적 헤지emotional hedge를 구축했다. 팬들의 의견을 듣고 고려하여 자신의 내러티브 안으로 끌어들인 결과다. 그렇게 스위프트는 치명적인 타격 없이 창의적인 리스크를 감수하고 논란을 헤쳐나갈 수 있는 자유를 얻었다. 본질적으로 스위프트의 팬들은 소비자라기보다는 스위프트의 제국에 자본과 정서적 투자를 아끼지 않는 주주 파트너와 같기 때문이다.

스위프트와 팬들 간의 정서적 관계를 투자 수익률ROI4로 측정하면, 단순한 수치나 비율이 아니라 10년이 넘게 축적된 이야기, 상호 작용, 그리고 공유된 경험의 총합으로 평가할 수 있을 것이다. 스위프트는 팬들이 제품뿐 아니라 브랜드 스토리에 몰입하도록 만드는 것이 얼마나 중요한지 보여주었다. 이는 엔터테인먼트 영역에만 해당되는 것이 아니다. 지속 가능한 비즈니스의 핵심 전략이다. 각각의 팬은 곧 스위프트 제국의 근간을 이루는 벽돌이자 건축가이며, 동시에 팬이자 아티스트다.

---

4   Return on Investment. 투자에서 얻은 수익을 투자 비용으로 나누어 계산하는 재무 지표로 투자 성과를 평가하는 데 사용된다. 예를 들어 어떤 프로젝트에 1000만 원을 투자했는데 1500만 원의 순이익을 얻었다면 ROI는 50%가 된다.

✦ 전략 자산과 브랜드 회복력

오늘날의 비즈니스 환경은 거래적 교환이나 일시적인 관계로 넘쳐난다. 그러나 중요한 것은 정서적 공명emotional resonance이다. 즉 각적으로 눈에 보이지 않더라도 막대한 투자 수익률을 올리는 요소다. 셰익스피어의 작품을 평가하면서 여러 세대에 걸쳐 인간의 문화와 사상에 미친 영향을 제외하고 공연 티켓 판매 수익만을 언급할 수 있을까. 마찬가지로 브랜드의 성공을 평가할 때에도 재무 수치와 백분율 지표에만 의존할 수는 없다.

스위프트가 팬들과 구축한 공생적 네크워크는 즉각적인 현금화가 가능한 관계를 넘어, 비교할 수 없는 가치를 창출한다. 브랜드 회복력brand resilience을 형성하는 장기 전략의 핵심으로, 논란이 발생하거나 변덕스러운 여론과 맞닥뜨렸을 때 중요한 역할을 한다. 이 정서적 인프라는 일종의 사회적 자본이다. 필요할 때 꺼내 쓸 수 있는 신탁과 같은 역할을 한다. 이는 워런 버핏이 일컫는 경제적 해자economic moat와 유사한 개념으로, 경쟁자로부터 기업을 보호하고 경쟁 우위를 가져다주는 고유한 특성이 된다.

스위프트의 경제적 해자는 광고비, 인플루언서의 홍보, 차트 상위권의 히트곡에 의존하지 않는다. 그의 해자는 팬들과 공유한 이야기와 공동의 경험, 그리고 모든 팬들에게 '자신들보다 위대한 무언가에 참여하고 있다'고 확신하게 해주는 무언의 정서적 계약에 기초하고 있다. 스위프트의 투자 수익률을 분석할 때 우리는 사회적 혁신의 진전과 인간의 유대를 기축 통화로 사용하는 진보적 모델을 논의하고 있는 셈이다. 이 모델은 음악 산업에만 국한되지 않는다. 테크 스타트업부터 전통적인 브랜드에 이르는 모든 기업이 지속 가능하고 장기적인 성공을 이루는 데 활용할 수 있는 혁신적인 전략이다.

스위프트와 팬들의 관계가 비즈니스판 동화처럼 들리는 이유는 충성도 때문이다. 충성도는 팬들이 음반이나 콘서트 티켓 등을 구매하고 보상받는 포인트 적립이나 쿠폰으로 측정할 수 없다. 스위프트의 우여곡절을 함께 겪으며 집단적으로 형성된 충성도는 인간의 고난과 승리를 반영하는 거울과도 같다. 스위프트는 막대한 자본과 방대한 팀을 보유한 많은 기업들이 실패하는 일을 해냈다. 바로 고객을 열렬한 지지자로, 수동적인 음악 팬들을 적극적인 참여자로 만드는 것이다.

이러한 충성도가 가진 미묘한 뉘앙스에 동의한다면 스위프트가 기존의 전통적인 비즈니스 모델을 근본적으로 뒤집었다는 데에도 동의할 수 있을 것이다. 많은 기업들이 고객층을 하나의 거대한 집단으로 보고 메트릭스metrics5와 트렌드로 분석하는 반면, 스위프트는 팬들을 각기 다른 맥락과 접점touch point6을 가진 개별적 관계로 구성된 생태계로 본다. 이러한 발상의 전환은 음악 산업뿐 아니라 디지털 시대의 고객 충성도를 이해하려는 모든 영역에 엄청난 영

---

5 비즈니스 성과를 측정하기 위해 사용되는 판매량, 웹사이트 방문자수, 고객 만족도 점수 등 다양한 지표와 수치를 의미한다.

6 고객과 기업 또는 브랜드가 상호 작용하는 모든 방식을 의미한다. 웹사이트, 소셜 미디어, 애플리케이션, 매장 방문, 일대일 만남 등 다양하다.

향을 미친다.

인공지능과 머신 러닝이 지배하는 시대로 나아가고 있지만, 스위프트의 모델은 사람 간의 직접 교류가 가진 대체 불가능한 가치를 재확인하고 있다. 그는 팬들을 인식하는 것에 그치지 않고, 기업에서 재정 장부를 기록하는 것처럼 정서적 장부를 만들어 팬들을 이해한다. 여기에서 화폐는 달러나 '좋아요'가 아니다. 공동의 정서, 가치, 그리고 경험과 같은 무형의 자산이다. 덜 구체적이지만 훨씬 더 강력하다. 모든 상호 작용과 인정은 충성도의 복리 효과를 창출한다. 상호성은 하나의 앨범이나 제품을 넘어서 더 큰 서사에 대한 투자인 것이다.

거대 소비재 기업 P&G는 수십억 달러를 광고에 투입하고 맞춤형 제품을 출시하며 브랜드 포트폴리오를 다각화해 왔다. 하지만 길을 지나는 사람에게 타이드 세제나 크레스트 치약에 대한 소비자 충성도를 물으면 대부분이 가격이나 습관 때문에 선택했다고 답할 것이다. 반면, 스위프트의 팬들에게 같은 질문을 던지면 그들은 스위프트의 노래가 개인적으로 어떤 의미를 지니는지, 라이브 콘서트에서의 경험과 최신 음악 발매를 기념하기 위해 온라인 커뮤니티에서 어떤 활동을 했는지 열정적으로 이야기할 것이다.

P&G의 익명의 소비자들과 스위프트의 역동적인 팬 커뮤니티를 비교해 보면 '진정한 정서적 유대에서 비롯된 충성도는 단순한 지표를 살아있는 자산으로 변모시킨다'는 중요한 비즈니스 통찰을 얻을 수 있다. 이는 일시적인 호의가 아니다. 다양하게 활용할 수 있

는 가시적인 도구다. 기업의 여러 영역에 지속적인 배당 수익을 가져다주는 잘 관리된 기금과 같다. 스위프트에게 배당 수익은 소셜 미디어 트렌딩, 자발적인 입소문 마케팅, 그리고 팬 이니셔티브 형태로 나타난다. 신규 고객의 문제를 해결해 주기 위해 온라인 포럼에 자발적으로 나서거나 제품 출시 기간 동안 리뷰 사이트에 긍정적인 후기를 쏟아내는 브랜드 예찬론자 집단이 기업에 어떤 이점을 가져다줄지 생각해 보라.

충성 고객들이 위기를 극복하는 데 도움을 준다는 점도 잊지 말자. 트윗 하나가 악몽이 될 수 있는 시대에 충성도 높은 팬덤은 부정적인 언론이나 여론과의 균형을 잡아줄 수 있는 사회적 자본이다. 이들은 각기 존재하지만 고도의 결집력을 가진 브랜드 홍보 대사로, 진심 어린 애정에 따라 행동한다. 스위프트의 접근 방식은 충성도를 정적인 지표에서 살아 숨 쉬는 고도의 전략 자산으로 바꾸는 능력을 바탕으로 하고 있다.

충성도 높은 팬층은 허영 지표vanity metric7가 아니라 다방면에서 동원 가능한 신뢰 자산이자 전쟁 자금이다. 이는 선의와 지지의 저장고와 같다. 새로운 앨범을 출시하거나 다른 장르로 변신하고 싶다면, 충성 고객들은 여러분의 첫 번째 고객이자 베타 테스터, 마케터가 되어줄 것이다. 변덕스러운 여론 속에서 여러분을 보호하는 역할도 할 것이다. 스캔들이나 논란에 휩싸일 때, 충성 팬층은 제1방

---

7   겉으로는 좋아 보여도 비즈니스 성과에 별다른 도움이 안 되는 지표를 의미한다.

어선으로서 부정적 충격을 완화하고 내러티브 전환을 도울 것이다.

스위프트의 팬들은 소비자를 넘어 스위프트라는 브랜드의 연장선상에 있다. 그들은 스위프트의 콘텐츠를 적극적으로 소비하고 공개 포럼에서 그를 지지하며 새 앨범이 나올 때마다 이벤트를 만들어내는 참여자들이다. 이들은 고객 확보 비용을 낮추고 생애 가치를 극대화해 스위프트의 손익 계산서에 실질적인 기여를 한다. 스위프티는 스위프트의 성공을 위한 정서적 투자자이자 재정적으로 간접 기여하는 '벤처 투자자'라 할 수 있다. 더 적절한 단어를 찾을 수가 없을 것 같다.

스위프트의 손익 계산서는 일반적인 재무제표가 아니다. 일반적인 자산과 부채뿐 아니라 팬들의 정서적 투자도 포함되어 있기 때문이다. 정서적 투자는 수치화할 수 없지만 스위프트의 수익성과 브랜드 회복력으로 나타난다. 팬들은 음악이 발매되면 곧바로 스트리밍하고 온·오프라인에서 응원한다. 스위프트가 브랜드를 확장할 때마다 새로운 소비 영역에 헌신적으로 뛰어든다. 팬들의 정서적 투자는 비전통적이지만 실질적으로 손익 계산서를 더욱 풍성하게 만드는 중요한 요소다.

팬들은 브랜드의 연결점이다. 이 관계망을 통해 가수와 팬 모두가 가치 창출의 에너지를 생성한다. 이들은 서로를 지지하며 활력을 불어넣는 하나의 생태계를 이루고 있다. 팬들은 브랜드와 깊은 관계를 맺고 있기 때문에 시장 분석가조차 놓칠 수 있는 미묘한 흐름을 감지하는 바로미터이기도 하다. 스위프트는 커뮤니티의 집단

지성을 이용해 팬 참여를 '참여적 진화' 형태로 끌어올리며 소비 이상의 차원으로 만들어냈다.

전통적으로 기업들은 소비자들의 지갑을 열기 위해 심리적 장벽을 낮추는 데 집중해 왔다. 그러나 스위프트는 여기에 더해 참여의 기쁨, 공동 창작의 즐거움, 그리고 자신보다 더 큰 무언가의 일부가 되는 경험을 선사했다. 팬들의 참여는 단순히 구매로 이어지는 과정이 아니라, 그 자체가 가치 있는 행위가 되었다. 이 지점에서 스위프트라는 브랜드는 하나의 운동이자 문화로 느껴진다. 스위프트의 손익 계산서는 인간의 감정과 경험을 재무적 언어로 풀어낸 새로운 비즈니스 모델이다.

스위프트는 소비자와의 관계, 브랜드 구축 방식에 지각 변동을 일으켰다. 데이터가 '새로운 석유'라 불리는 시대에 우리는 어쩌면 인간의 유대, 커뮤니티, 그리고 공동의 내러티브라는 오랜 자원을 놓치고 있는지도 모른다. 스위프트는 이러한 개념을 비즈니스 전략으로 전환함으로써 공연장이나 스트리밍 플랫폼을 넘어서는 길을 개척했다. 그는 미래의 비즈니스가 단순한 거래가 아닌 기업과 고객이 함께 하는 공동의 여정이 될 것이라는 것을 보여주고 있다.

비즈니스 리더들은 이제 팬 기반의 충성도 구조를 깊이 있게 분석해야 할 것이다. 이는 단기적 마케팅 기법이나 일회성 참여를 넘어서, 상호 신뢰와 진정성에 기반한 관계를 구축하고 유지하는 과정을 의미한다. 스위프트는 팬들을 협력자이자 브랜드 홍보 대사로 만들어 비즈니스 성공 방식에 새로운 패러다임을 만들어 냈다. 그 과정에서 예술과 상업의 경계는 사라졌다. 브랜드가 들려줄 수 있는 가장 강력한 스토리는 제품에 관한 것이 아니라 사람에 관한 것이다.

스위프트는 데뷔 초부터 '팬 파워fan power'의 영향력을 정확히 인식했다. 2014년 그는 '미래에 음악은 러브스토리일 것이다The Future of Music Is a Love Story'라는 『월스트리트저널』 칼럼에서 이렇게 밝혔다.

"배우인 친구로부터 들은 이야기다. 최근 영화 캐스팅 후보에 두 명의 여배우가 올랐을 때, 캐스팅 디렉터가 트위터 팔로워가 더 많은 여배우를 선택했다는 것이다. 나는 이런 일이 음악 산업에서도 일어나고 있다고 본다. 이 이야기는 2005년으로 거슬러 올라간다. 처음 음반사 회의에 참석했을 때, 나는 마이스페이스Myspace라는 새로운 사이트에서 팬들과 직접 소통하고 있다고 설명했다. 앞으로 아티스트는 팬이 있기 때문에 음반 계약을 맺게 될 것이다. 그 반대가 아니다."

또한 스위프트는 "어떤 아티스트들은 '운명의 상대the one'를 찾은 것처럼 오랫동안 소중히 여겨질 것"이라며, "우리는 그들의 음악을 우리 아이들과 손주들에게까지 들려줄 것"이라고 덧붙였다. 그는 "아티스트로서, 이것이 우리가 팬들과 맺고자 하는 꿈의 유대감dream bond"이라고 밝히며, 이 꿈의 유대감을 위해 팬들에게 끊임없는 "놀라움surprise"을 주는 것이 중요하다고 강조했다. 덧붙여 "커플이 수십 년 동안 사랑을 유지할 수 있는 이유는 서로에게 계속해서 놀라움을 주기 때문"이라고 믿는다며, 아티스트와 팬들 사이에도 이러한 사랑 이야기가 존재할 수 있다고 말했다.

이러한 놀라움은 스위프트의 팬 인게이지먼트의 핵심이다. 그는 팬들이 그의 음악 여정에 적극적으로 참여할 수 있도록, 개인화된 팬 경험을 치밀하게 설계한다. 특히 앨범과 공연에 놀라움, 기대, 참여, 비밀이라는 요소를 넣어 팬들의 유대감을 극대화한다.

대표적인 사례가 시크릿 세션이다. 2014년 9월 20일, 89명의 팬들이 버스를 타고 미국 캘리포니아주 로스앤젤레스 비벌리힐스의 저택에 도착했다. 참가자들은 시크릿 이벤트에 참여한다는 것만 알았을 뿐, 어떤 일이 일어날지 아무도 몰랐다. 갑자기 거실에 테일러 스위프트가 환호성을 지르며 나타났다. "안녕하세요. 여러분! 여러분은 제가 직접 선정했어요. 이 시크릿 세션에 여러분을 초대한 이유는 새 앨범 전체를 여러분에게 들려주기 위해서예요."[8] 팬들도 비명을 지르며 기뻐했다. 스위프트는 직접 구운 쿠키를 팬들에게 나눠주고 노래를 부르고 모든 팬과 기념 사진을 찍었다. 시크릿 세션은 스위프트가 『1989』 앨범을 통해 컨트리에서 팝으로 장르를 전환하는 시기에, 팬들의 지지를 얻기 위한 중요한 장치였다. 시크릿 세션은 내슈빌, 뉴욕, 로드아일랜드, 런던으로 이어졌고, 팬들은 스위프트의 음악적 변화를 자연스럽게 받아들이고 그 과정에 함께 한다는 것을 실감했다. 시크릿 세션은 이제 신곡 발매 때마다 하는 전통이 되었다.

---

8   Los Angeles Times, How does Taylor Swift connect with fans. 'Secret sessions' and media blitzes, 2014.10.28 / Youtube, Taylor Swift, 1989 Secret Sessions, Behind the Scenes!, 2014.10.17.

스위프트는 곡을 작곡할 때 참여의 순간Artist Participation Moment, APM을 중요하게 여긴다. 『1989』 앨범의 수록곡 「Shake It Off」가 대표적이다. 이 곡의 후렴구는 반복적이고 리듬감이 강해, 팬들이 쉽게 따라 부를 수 있고, 동시에 박수를 치거나 몸을 흔들며 즐길 수 있다. 스위프트는 공연을 할 때 이 곡을 통해 팬들을 노래하고 춤추게 만든다. 공연장 전체를 하나의 큰 축제로 만들어 공연의 에너지를 높이고 팬들에게 잊지 못할 경험을 제공한다.

스위프트는 종종 콘서트 후에 로프트89Loft 89라는 비공개 미팅 앤 그리팅meeting and greeting 이벤트를 연다. 그는 공연 중에 무대 근처에서 팬들을 직접 초대해, 공연 후 백스테이지에서 만나 인사하고 대화를 나누며 기념 사진을 찍는다. 스위프트와 스위프티가 직접 소통하는 시간은 팬들에게 잊지 못할 추억이 된다. 선택받지 못한 관객들도 팬들을 위하는 스위프트의 진심에 감동하고 다음 기회를 기대하게 된다.

앨범을 발매하기 전 새 앨범을 주제로 한 낱말 퍼즐을 선보이기도 한다. 2023년, 재녹음한 『1989』 테일러 버전을 발매할 때, 미발표곡을 넣고 이 곡의 제목을 맞추는 퍼즐을 공개했다. 한 사람당 89개의 퍼즐을 풀어야 했고, 스위프티가 다 함께 3300만 개 퍼즐을 풀어야 곡명이 공개되는 방식이었다.[9] 팬들은 퍼즐을 풀고 복선을 추리하면서 놀라움과 새로움을 느끼는 동시에 강한 유대감을 경험

---

9   Google Search, "1989 (Taylor's Version)" Vault Titles Come to Search, 2023.9.19.

했다.

　팬들도 스위프트의 음악에 적극적으로 참여하며 스위프티 문화를 만들어가고 있다. 스위프티의 상징이 된 우정 팔찌Friendship Bracelets는 2023년 「디 에라스 투어」를 통해 널리 알려졌다. 이 문화는 10번째 앨범 『미드나이츠』에 수록된 「You're On Your Own, Kid」의 가사에서 영감을 받은 팬들이 시작했다. 이 곡에서 스위프트는 "So make the friendship bracelets, take the moment and taste it(우정 팔찌를 만들어 이 순간을 만끽하자)"라는 가사를 통해, 인생의 소중한 순간들을 간직하고 우정을 기념하는 것의 중요성을 노래했다. 팬들은 이 가사에 감동을 받아, 자신들만의 우정 팔찌를 만들어 다른 팬들과 교환하기 시작했다. 팔찌들은 다양한 색상과 디자인으로 만들어지며, 팬들이 콘서트에서 서로 교환하거나 선물로 주고받으며 우정을 나누는 상징이 되었다. 우정 팔찌 문화는 스위프트의 투어와 맞물려 더욱 확산되었고, 팬들 사이에서 강한 유대감을 형성하는 데 큰 역할을 하고 있다.

"스위프트는 음악 역사상 최고의 CEO이자
최고의 마케팅 책임자다.
그는 첫 번째 디지털 네이티브 뮤지션이다."

- 네이선 허버드 전 티켓마스터 CEO

6

디지털 전략 :
스스로 미디어가 되다

✦ 대화-서사-캠페인의 공간, 소셜 미디어

스위프트는 디지털 시대의 선구자로 떠올랐다. 소셜 미디어 속 스위프트의 진화는 곧 디지털 환경의 변화 그 자체를 상징한다. 플랫폼이 등장하고 변화하며 사라질 때마다, 스위프트의 디지털 서사는 한 플랫폼에서 다음 플랫폼으로 자연스럽게 확장되었다. 다른 이들이 플랫폼을 발견할 때, 스위프트는 그 플랫폼에서 커뮤니티를 형성하는 방법을 찾았다. 다른 이들이 주변부에서 머뭇거리며 소극적으로 실험할 때, 스위프트는 대담하게 포맷, 콘텐츠, 소통 전략을 혁신했다. 스위프트의 소셜 미디어 전략은 디지털 세상의 특성처럼 끊임없이 변화하고 실질적으로 진화했다.

소셜 미디어가 처음 등장했을 때, 많은 아티스트와 브랜드는 마이스페이스나 초기 페이스북 같은 새로운 플랫폼을 또 하나의 광고 채널 정도로 여겼다. 브랜딩과 고객 소통을 위한 서툰 시도들이 넘쳐난 이유다. 그러나 스위프트는 직접 소통의 힘과 플랫폼을 통한 친밀감을 일찍이 인식했다. 다른 이들이 콘텐츠의 양에 집중할 때, 스위프트는 가치에 초점을 맞췄다. 팬들과의 진정성 있는 관계를 구축하는 데 플랫폼을 활용했다. 그는 플랫폼을 일종의 디지털 거실처럼 만들고 팬들을 음악 청취자가 아닌 손님으로 초대했다. 매체의 본질을 이해한 스위프트는 차별성을 가질 수 있었고, 자연히 팔로워 수는 지속적으로 늘어났다.

스위프트는 2000년대부터 셀카, 감동적인 개인 메시지, 깜짝 생일 축하 등을 게시하며 팬들과 교류했다. 오늘날 흔히 볼 수 있는 게시물이지만, 당시에는 생소한 방식이었다. 일부 사람들에게는 가벼운 행동으로 보이기도 했다. 그러나 이는 전략적인 접근이었다. 개별 상호 작용은 스위프트의 진정성을 확인시켜 주었다. 신뢰를 쌓기 어려운 디지털 세계에서 진정성 있는 소통은 강력한 자산으로 자리 잡았다. 스위프트는 온라인에서 인간적인 모습을 보였다. 많은 유명인들이 홍보팀에 소셜 미디어 관리를 맡겼지만 스위프트는 직접 계정을 운영했다. 정보 시대에 '개인적 소통'은 신선한 요소가 아니라 필수 요소임을 스위프트는 일찍 깨달았다.

스위프트는 온라인 페르소나를 구축하는 것에서 더 나아가, 플랫폼을 활용해 비즈니스 성과로 연결했다. 디지털 플랫폼을 예리하게 이해하고 앨범 발매 때마다 효과적으로 활용했다.『1989』발매를 앞두고 스위프트는 앨범 트랙과 가사 티저를 미리 공개하면서 앨범 발매 직전의 순간을 디지털 이벤트로 만들었다. 이는 기록적인 판매량으로 이어졌다. 실물 앨범이 사라질 위기에 처한 상황에서 거둔 놀라운 성과였다.

디지털 영역에서 대립할 때조차 전략적이었다. 공정한 대가를 요구하며 스트리밍 플랫폼에 맞서거나 논란과 비판에 직면했을 때 과감하게 대처했다. 디지털 공간에서 문제를 정면 돌파하려는 스위프트의 대담함은 그의 개척자다운 접근 방식을 상징적으로 보여준다. 2015년에 있었던 애플 뮤직과의 공개적 갈등을 떠올려보자. 애플이 애플 뮤직 가입자에게 제공한 3개월의 무료 서비스 기간 동안 아티스트에게 로열티를 지불하지 않겠다고 했을 때, 대부분의 아티스트들은 뒤에서 조용히 분노했다. 그러나 스위프트는 이에 맞서 텀블러에 공개 서한을 썼다. 그는 예술의 가치를 설득력 있게 강조했다. 그리고『1989』앨범을 애플 뮤직에 제공하지 않겠다며 정책 철회를 요구했다. 애플은 24시간 만에 정책을 수정했다.

스위프트의 디지털 여정에서 또 하나 주목해야 할 점은 바로 피벗pivot1과 재창조 능력이다. 스위프트가 컨트리 음악에서 팝으로 전환한 사례를 떠올려보자. 그는 그 이후에도 팝 장르 안에서 진화

---

1   원래의 계획이나 전략에서 벗어나 새로운 방향으로 전환하는 것을 의미하는 용어로, 주로 스타트업이나 기업들이 비즈니스 모델을 수정하거나 완전히 새로운 전략을 도입할 때 사용된다.

를 멈추지 않았다. 음악만 재창조하는 것이 아니라 디지털 전략 역시 재수정하는 과정이었다. 폴라로이드 감성이 묻어나는 『1989』에서 단색의 세련미를 강조한 『레퓨테이션』에 이르기까지, 스위프트는 새로운 음악을 발표할 때마다 온라인 스타일에도 변화를 줬다. 모든 스위프트의 앨범은 하나의 포괄적인 브랜드 재정비 과정을 거쳐 탄생한 독창적인 디지털 상품이었던 셈이다.

이러한 디지털 전략의 성공은 모든 기업가들이 달성하고 싶은 목표일 것이다. 최고의 기업들은 단순히 물건만 팔고 싶어 하지 않는다. 그들은 기업의 서사를 만들고 고객과 소통하며 시대를 앞서 가고자 한다. 스위프트의 디지털 여정은 애플이나 나이키 같은 기업들이 추구하는 지속적인 혁신, 변치 않는 고객 충성도, 그리고 위기를 기회로 바꾸는 능력을 보여준다.

스위프트의 온라인 역량을 분석해 보면, 그 기저에 있는 공통점을 발견할 수 있다. 바로 균형이다. 스위프트는 인간적인 친밀함과 전략적 거리 두기, 진정성과 브랜드 구축, 참여와 수익 창출 사이에서 균형을 유지했다.

지속 가능한 신발 회사인 올버즈Allbirds의 사례를 살펴보자. 올버즈는 제품의 편안함이나 스타일만 내세우지 않고 지속 가능성을 강조하며 소비자들을 공략해 의식 있는 소비와 환경적 책임에 관한 내러티브를 구축했다. 올버즈의 브랜드 정체성은 '일상에서 환경을 고려한 선택을 하자'는 메시지를 담고 있다. 뷰티 블로그에서 화장품 업계의 강자로 떠오른 글로시에Glossier는 외모 변신을 약속하기보다는 '피부 먼저, 메이크업은 나중에'라는 메시지로 진정한 아름다움과 실사용자 경험을 강조했다. 브랜드 스토리에 인간적 감성을 녹여낸 두 기업은 디지털 세상에서 소비자들이 제품의 가치와 진정한 유대 사이의 균형을 이룬 브랜드를 선호한다는 사실을 입증하는 또 다른 사례다. 소비자들은 제품만큼이나 매력적인 서사를 제공하는 브랜드에 환호한다.

셀럽과 기업 전략의 경계는 점점 모호해지고, 인간적 감정과 해시태그의 차이도 무의미해지고 있다. 디지털 시대의 기업가들은 스위프트처럼 일해야 한다. 서사를 구축하고 팬들과 진정한 연결 관계를 맺으며 변화하는 환경에 적응할 수 있어야 하는 것이다. 알고리즘과 정서의 미묘한 관계를 이해하는 능력도 필요하다.

✦ 디지털 도구를 활용한 신뢰 구축

소셜 미디어의 등장은 인간의 소통 방식을 바꿨을 뿐 아니라 브랜드를 선보이고 인식하는 방식에도 혁신을 일으켰다.

여성 신발 브랜드 로티스Rothy's는 소셜 미디어를 효과적으로 활용해 친환경이라는 키워드를 확산시키고, 사용자가 만든 콘텐츠를 기반으로 마케팅을 펼쳤다. 이들은 고객 피드백을 제품에 반영하며 오늘날 소비자·기업 간의 협력적 속성을 보여주는 대표적인 사례가 되었다.

미국의 그릭 요거트 브랜드 초바니Chobani가 부상할 수 있었던 이유는 제품은 말할 것도 없고, 지속 가능성과 공동체라는 서사를 적극적으로 공유했기 때문이다. 초바니는 인스타그램 공간에서 가치와 진정성을 강조하며 소비자들과 정서적으로 연결될 수 있었다. 그 결과 그릭 요거트를 대중화시킬 수 있었다.

인스타그램, 틱톡과 같은 플랫폼의 등장이 패션 산업을 변화시킨 사례도 있다. 영국의 스파 브랜드 아소스ASOS와 부후Boohoo는 전통적인 광고 모델을 쓰는 대신 인플루언서와 파트너십을 맺었다. 고객들과 실시간으로 소통했으며, 사용자 콘텐츠를 통해 커뮤니티를 형성하고 활성화시켰다. 특히 아소스는 '씬 온 스크린seen on screen' 기능을 도입해 고객이 TV쇼나 영화에서 본 의류를 쉽게 찾고 구매할 수 있도록 했다. 이들 기업은 트렌드에 신속하게 반응하며 기존 브랜드가 따라잡지 못하는 민첩성을 보여 주었다.

지난 10년 동안 D2Cdirect to consumer 브랜드들은 디지털 플랫폼이 소비자 행동을 형성하는데 막강한 힘을 발휘할 수 있음을 입증했다. 여행용 가방 회사 어웨이Away는 제품을 시상에 출시하기 전에 커뮤니티의 힘을 활용했다. 어웨이는 사전에 고객과 소통하고 공유하며 기대를 형성했다. 링크드인LinkedIn은 B2Bbusiness to business 상호 작용이 진화한 플랫폼이다. 링크드인 공간에서 스위프트의 전문 분야인 퍼스널 브랜딩이 강력한 도구로 부상했다. 기업들은 인간다운 면모는 더하고 관료적인 이미지는 줄이고 있다. 이러한 변화는 B2B 관계를 재구성하고 있다. 순간적이지만 강력한 커뮤니케이션이 특징인 스냅챗Snapchat2과 인스타그램의 등장은 기업들에게 도전 과제였다. 이들 소셜 미디어는 실시간 소통의 긴박감과 압박감을 도입했다. 이는 시간 제한 프로모션 등 대형 이커머스 기업들이 사용하는 전략과 유사하다.

24시간 접속 상태를 유지할 수 있는 소셜 미디어의 속성 때문에 브랜드는 기민하게 움직이고, 끊임없이 진화하며, 실시간으로 피드백을 수용할 수밖에 없다. 소셜 미디어는 브랜드 확장과 빠른 온라인 확산virality3을 촉진하는 강력한 도구이지만, 그로 인해 핵심 가치가 흐려질 위험도 있다. 지나치게 확산에만 집중하다 보면 브랜드의 본질적인 가치가 희석되거나 방향을 잃을 수도 있다. 스위프트역시 드물게 디지털 공간에서 실수한 적이 있지만, 이를 숨기지 않고 공개적으로 인정하고 문제를 해결하며, 겸손과 성장을 보여주었고 더 강력한 브랜드로 거듭났다.

스위프트는 디지털 플랫폼을 전달 도구가 아니라 구축해야 하는 대상으로 인식하고 있다. 이는 일반적인 브랜드 구축을 넘어, 공동체 형성과 관계 강화, 그리고 신뢰 구축을 의미하는 새로운 차원의 접근이었다.

스위프트처럼 팬덤을 보유한 경우, 소셜 미디어의 영향력은 더

---

2   미국의 모바일 메신저로 사진과 동영상을 찍어 친구들과 공유하는 데 중점을 둔 애플리케이션이다. 확인된 메시지는 24시간 후에 사라지는 스토리 기능을 도입하며 독특한 소셜 미디어 경험을 제공했다. 주로 젊은 사용자들 사이에서 큰 인기를 끌고 있다.

3   입소문 효과로도 불리며 콘텐츠나 정보가 소셜 미디어나 인터넷을 통해 빠르게 확산되는 현상을 의미한다. 바이러스가 퍼지듯이 빠르고 널리 전파된다고 해서 붙여졌다. 소셜 미디어 마케팅에서 중요한 요소다.

욱 강력하게 나타난다. 디지털 세계에서 스위프트의 압도적인 존재감은 셀럽이 미칠 수 있는 전례 없는 영향력을 증명한다. 대표적인 사례가 2023년 9월 소셜 미디어에 유권자 등록을 촉구하는 글을 올린 일이다. 이 게시글은 팔로워들이 공감을 넘어 행동하게 했다. 무려 3만 5000명이 넘는 사람들이 Vote.org에 유권자 등록을 했다. 크게 상승한 등록 유권자 수는 2020년 이래 최고치를 기록했다. 이는 2022년에 비해 무려 23%나 증가한 결과였다. 특히 젊은 유권자들의 참여가 크게 증가했다. 18세 유권자의 등록은 2022년의 두 배에 달했다. 안드레아 헤일리Andrea Hailey Vote.org CEO는 이를 정치 참여에 대한 젊은 세대의 열정이 반영된 현상이라고 평가했다. 그중 몇 명이 스위프트의 게시글에 직접적인 영향을 받았는지 정확히 알 수는 없지만, 스위프트가 의견을 게시한 지 한 시간 만에 사이트 사용자가 1226% 증가했다는 사실이 스위프트가 팬들과 쌓아온 신뢰와 디지털 브랜드 파워를 실감하게 한다.

스위프트가 정치적 목소리를 내기 시작한 것은 디지털 환경의 큰 변화를 반영한다. 셀럽과 인플루언서, 활동가 사이의 경계는 점점 모호해지고, 디지털 공간은 일상의 공유를 넘어 사회적 변화와 옹호를 위한 공간으로 바뀌고 있다. 스위프트가 정치와 거리를 두던 태도에서 벗어나 정치적 입장을 밝힌 것은 이러한 흐름을 반영한 결정이었으며, 브랜드가 나아갈 방향을 제시한다. 이제 플랫폼에서 적극적으로 활동하는 것만으로는 충분하지 않으며, 목적 의식을 가지고 대중의 가치와 열망에 깊이 공감해야 한다.

스위프트의 마법은 진정성과 전략이 결합할 때 발휘된다. 그가 팬들에게 유권자 등록을 촉구할 때 이는 단순한 셀럽의 공개적 지지가 아니라, 공동의 가치와 집단의 열망에 뿌리를 둔 개인적 호소였다. 그 결과로 유권자 등록 수가 급증한 것은 커뮤니티의 각성을 상징한다. 커뮤니티가 동원되고 유권자들이 깨어난 것이다. 가장 강력한 참여는 진정성에서 비롯된다. 광고와 스폰서 콘텐츠가 넘쳐나는 세상에서 진정성 있는 호소는 눈에 띄기 마련이다. 이는 일시적 디지털 상호 작용을 초월한 신뢰와 충성을 낳는다.

스위프트의 정치적 참여는 디지털 활동에서 타이밍과 맥락의 중요성을 보여주고 있다. 「디 에라스 투어」가 한창이었던 시기, 재녹음 앨범에 대한 기대가 고조되는 시점에 유권자 행동을 촉구한 것은 매우 시의적절했으며 맥락과도 잘 맞아 떨어졌다. 그가 아티스트로서의 이정표를 달성한 순간에 정치적 목소리를 냈기 때문에 그의 메시지는 더욱 강력한 영향력을 발휘할 수 있었다. 이처럼 디지털 공간에서 성공을 바라는 브랜드 역시 대중들이 무엇을 원하는지 정확히 이해하고, 중요한 문화적 순간을 포착하여 그에 맞춰 메시지를 조정한다면 영향력을 극대화할 수 있을 것이다.

플랫폼이 진화하고 알고리즘이 변해도, 연결의 본질은 변하지 않는다. 기술은 끊임없이 경계를 확장하지만, 추구하는 목표는 동일하다. 더 깊고 의미 있는 연결을 강화하는 것이다. 오늘날 가상현실VR과 증강현실AR이 사회적 상호 작용을 재정의하는 가운데 많은 브랜드들이 가상 매장과 몰입형 경험을 실험하며 디지털과 물리적 현실이 융합되는 미래를 준비하고 있다. 그럼에도 새로운 참여 방식은 지속적으로 등장하고 있다.

카탈로그 책자를 넘길 때의 촉감을 떠올려보자. 가상 상점을 둘러보며 무언가를 발견하고 호기심을 느끼는 몰입적 경험과 비슷한 맥락을 가지고 있다. 디지털로 전환되었을 뿐 본질적으로 동일한 경험이다. 브랜드 입장에서 기술의 진화는 도전이자 기회다. 빠르게 변하는 기술 환경을 따라가는 것은 어려울 수 있지만, 그 과정에서 깊이 있고 다차원적인 참여와 소통을 구축할 수 있는 기회가 생긴다. 브랜드들은 새로운 기술을 도입하는 것뿐 아니라, 기술을 브랜드 서사에 자연스럽게 통합하며 음성 채팅 룸, 가상현실 공간 등 모든 접점에서 브랜드의 본질을 유지하고 빛나게 만들어야 한다.

혁신과 알고리즘의 변화는 브랜드 전략을 재정립하고 대중의 이목을 끌 수 있는 기회다. 다만 사용자 행동을 이끄는 근본적인 패턴과 동기, 진정한 상호 작용을 촉진하는 순간을 찾아야 포착할 수 있는 기회다. 의미 있는 연결의 본질을 이해하고, 일시적인 온라인 확산보다 진정성을 선택할 때 지속적인 영향력을 발휘할 수 있다. 브랜드가 각 플랫폼이 가진 복잡성을 이해하고 즉각적이면서도 적극적인 전략을 수립해야 하는 이유다. 성공은 진정성 있는 소중한 관계 구축의 중요성을 이해할 때 가능하다.

역자 노트 : 최초의 디지털 네이티브 뮤지션

스위프트는 데뷔 전부터 마이스페이스에 곡을 올리며, 컨트리 음악을 좋아하지만 자신의 목소리를 대변해 줄 아티스트가 없던 10대들과 메시지를 주고받았다. 그는 매일 밤 마이스페이스에서 팬들과 소통하며 공연했고, 자신의 음악을 라디오보다 더 빠르게 발신할 수 있었다. 스위프트는 처음에는 마이스페이스를 통해 팬들과 연결되었고 이후 텀블러, 그리고 인스타그램과 틱톡으로 확장했다. 2024년 9월 현재 스위프트의 온라인 플랫폼 팔로워 수는 5억 5000만 명에 이른다.[4]

스위프트의 디지털 소통 방식은 2006년 데뷔 초기에 더욱 눈에 띄었다. 당시 스위프트는 팬들이 보내오는 이메일에 모두 답장을 했다. 바빠서 미처 하지 못할 때는 마이스페이스에 사과와 설명을 올리며 소통을 이어갔다. 라디오 광고 시간 동안 마이스페이스에 자신이 출연한 것을 알린 적도 있다. 방송국에는 그녀의 노래를 틀어 준 것에 대한 감사 전화가 쇄도했다. 디지털 기반의 접근 방식은 그의 초기 활동에 중요한 동력이 되었다.

스위프트는 디지털 환경의 변화를 민감하게 포착한다. 2014년, 그는 "전면 카메라가 달린 아이폰이 발명된 이후로 사인 요청

---

[4] 인스타그램 2억 8000만 명, X 9523만 명, 유튜브 6010만 명, 틱톡 3200만 명, 페이스북 8000만 명. 텀블러는 팔로워 수가 공개되지 않으나 수백 만 명 이상 팔로우 하고 있을 것으로 예상된다.

을 받지 않았다"며 "요즘 아이들이 원하는 유일한 기념품은 셀피이고, 인스타그램 팔로워가 몇 명인지가 새로운 형태의 가치 기준new currency이 되었다"고 언급한 바 있다.

그의 디지털 역량과 전략은 음악 산업에서도 혁신적이라는 평가를 받고 있다. 유니버설 뮤직 그룹의 CEO 루시안 그레인지Lucian Graínge는 "스위프트가 기술을 사용하여 팬과 진정한 관계를 형성하는 방식은 여러 면에서 현대 음악 산업을 정의했다"고 평가했다. 네이선 허버드Nathan Hubbard 전 티켓마스터 CEO는 "스위프트는 음악 역사상 최고의 CEO이자 최고의 마케팅 책임자다. 그는 보노, 제이지, 마돈나 등 자신의 브랜드를 정확하게 인식하고 있었던 선배 뮤지션의 길을 따라 가고 있지만, 그중에서 첫 번째 디지털 네이티브 뮤지션이다"라고 정의했다.

『1989』앨범의 큰 성공 이후 스위프트는 '테이러킹(#TayLurking)'이라는 해시태그로 알려진 활동을 시작했다. 스위프트가 소셜 미디어에서 팬들의 계정을 살피며, 직접 댓글을 달거나 반응하는 활동이다. '건강한 팬 스토킹'이라고 할 수 있다. 이를 통해 팬들의 일상과 감정을 주의 깊게 이해하며 진심 어린 반응을 보였다. 예를 들어, 괴롭힘을 당한 팬의 인스타그램 계정에는 "영원히 당신의 편"이라는 장문의 댓글을 남기고, 어린 시절 살던 집을 떠나 슬프다는 팬의 텀블러 계정에는 "당신을 생각하고 있어요"라는 위로의 말을 남기면서 팬들과 깊은 유대감을 형성한다.

스위프트마스Swiftmas 또한 그가 팬들에게 깜짝 선물과 손 편지를 보내는 이벤트로 유명하다. '온라인 소통'과 '오프라인의 경험'을 결합한 이벤트로 감동과 효과를 배가시키는 전략이다. 스위프트는 팬들의 소셜 미디어 계정을 모니터링한 후, 맞춤형 선물을 준비해 직접 포장하고 손 편지를 써서 보냈다. 선물은 단순한 마케팅 제품이 아니라, 팬들이 실제로 필요로 하거나 원하는 물건들이었다. 이 이벤트는 팬들과 진정한 유대감을 형성하는데 중요한 역할을 했다. 특히 『1989』 앨범 시즌의 스위프트마스는 전설로 남았다. 스위프트가 팬의 댓글에 산타 이모티콘을 남기고 나면, 팬들 앞으로 선물 박스가 도착한다. 2015년 1월 1일 공개된 영상에서는 스위프트가 팬에게 보낼 선물을 쌓아두고 하나 하나 포장하는 모습이 담겼다. 선물을 받은 팬들은 스위프트가 손수 적은 크리스마스 카드를 읽으며 감격해 기쁨의 비명을 지르고 눈물을 흘린다. 선물 가격보다 저렴하게 제작된 것으로 보이는 이 영상은 크리스마스를 '스위프트마스'로 바꾸며 자연스럽게 입소문을 타기 시작했고, 긍정 뉴스로 재생산되어 다양한 미디어 플랫폼을 통해 끊임없이 재생됐다. 이를 통해 스위프트는 전통적인 광고나 PR에 한 푼도 쓰지 않고, 큰 홍보 효과를 누릴 수 있었다. 스위프트의 핵심 공급망은 팬과의 관계다. 그는 팬과의 관계를 독점적으로 보유하고 있으며, 직접 관리한다.

인사하고, 많이 웃고, 실수하고, 사과하고, 다시 실수하고,
포옹하고, 기회를 잡고, 자신을 믿으세요.

- 스니커즈 브랜드 케즈 광고에서

7

파트너십 :
파트너를 통해
서사를 확장하다

음악 산업의 트렌드는 끊임없이 변화한다. 스위프트는 다양한 파트너십을 통해 변화의 흐름에 적응하면서 이를 통해 음악적 서사를 지속적으로 확장해 왔다. 컬래버레이션 자체가 새로운 개념은 아니지만, 스위프트는 한층 전략적으로 활용했다. 다른 아티스트와의 협업에 그치지 않고 영화, 패션, 브랜드, 그리고 다양한 문화적 요소와의 파트너십을 통해 자신의 브랜드를 더욱 넓혔다. 파트너십을 단순한 홍보 활동이 아닌 '새로운 시장 개척'과 '브랜드 서사의 확장'으로 접근하는 전략은 큰 차이로 이어졌다.

✦ 전략적 파트너십과 시장 개척

스위프트는 언제, 어떻게, 누구와 협업하는 것이 최선인지 고민한다. 예상치 못한 조합으로 놀라움과 공감을 일으키면서도 트렌드를 날카롭게 포착하고, 협업을 통해 음악 장르의 경계를 자유롭게 넘나들었다. 컨트리, 팝, 인디 등 여러 장르를 넘나들며 자기 스타일과 협업 아티스트의 개성을 녹여냈다. 스위프트에게 협업은 자신의 고유한 정체성을 유지하면서도 새로운 음악적 시도를 할 수 있는 기회였다.

스위프트가 에드 시런Ed Sheeran과 작업한 「Everything Has Changed」는 서로 다른 음악적 배경이 조화를 이룬 대표적 사례다. 컨트리 음악에서 출발해 글로벌 팝 아이콘으로 성장한 스위프트와 포크 음악에 뿌리를 둔 영국 출신 싱어송라이터 시런이 만나 장르의 경계를 허물었다. 테크 기업과 패션 브랜드가 손을 잡고 새로운 시장을 개척한 것에 비유할 만한 조합이었다. 혼자서는 이루기 어렵지만 두 아티스트의 시너지가 폭발하며 새로운 잠재력을 이끌어낸 것이다.

융합의 마법은 비즈니스 세계에서도 볼 수 있다. 럭셔리 자동차 브랜드인 애스턴마틴Aston Martin은 레드불 레이싱Red Bull Racing과의 협업을 통해 럭셔리 세단의 우아함과 F1 레이싱카의 강력한 성능을 결합한 하이퍼카를 탄생시켰다. 시장에 놀라움을 선사하며 새로운 가능성의 문을 여는 시도다.

서로 다른 장르와 스타일을 넘나드는 스위프트의 협업은 실험이 아닌, 전략적 선택이라고 볼 수 있다. 스위프트가 보이밴드 원 디렉션One Direction 출신의 제인 말리크Zayn Malik와 함께 부른 「I Don't Wanna Live Forever」와 록밴드 패닉! 앳 더 디스코Panic! at the Disco 의 브렌든 유리Brendon Urie와 함께 만든 「ME!」는 스위프트의 폭넓은 협업 능력을 보여주는 곡들이다. 이들과의 협업을 통해 스위프트는 음악적 범위를 확장했고, 다양한 음악 팬들에게 다가갈 수 있는 기회를 얻었다.

스위프트는 파트너와의 공통점을 찾아내 이를 보편적 감정으로 표현한다. 서로 다른 서사를 하나의 이야기로 풀어내는 능력이 탁월하다. 미국의 인디밴드 본 이베어Bon Iver와 부른 듀엣곡 「exile」은 두 아티스트의 깊이 있는 보컬이 합쳐져 서정적이고 진정성 있는 이별 이야기를 만들었다.

스위프트는 자신의 이야기를 증폭시킬 수 있는 아티스트를 찾아내는 안목을 가지고 있다. 여러 협업 곡들은 차트 상위권에 올라 상업적으로도 성공했으며, 협업한 아티스트들에게도 찬사와 스포트라이트를 가져다주었다.[1]

장르의 경계를 허무는 스위프트의 협업 능력은 세 자매로 구성된 록밴드 하임HAIM과의 협업을 통해 또 한번 입증됐다. 하임은 2015년 『1989』 투어의 오프닝 무대를 장식한 데 이어, 2022년

---

[1]   켄드릭 라마(Kendrick Lamar)와 함께한 「Bad Blood」 리믹스 버전은 2014년 앨범 『1989』에 수록되어 빌보드 싱글 차트 1위를 달성했다. 브렌든 유리와 함께한 「ME!」 는 2019년 빌보드 싱글 차트에서 2위를 차지했다.

영국 런던 O2 아레나에서 스위프트와 재회하며 음악적 케미스트리가 절정에 달한 공연을 선보였다. 공연의 하이라이트는 하임의 「Gasoline」과 스위프트의 「Love Story」를 합친 매시업mash-up이었다. 록과 팝의 요소가 자연스럽게 이어지는 공연은 화제가 되었다. 스위프트는 하임 멤버들과 같은 가죽 바지를 입고 무대에 올라 우정과 존중을 표현했다. 「Love Story」로 활동하던 10대의 스위프트라면 입지 않았을 의상이었을 것이다. 그러나 스위프트는 음악적 과거와 현재의 교차로에서 하임의 개성 있는 스타일을 받아들였고, 자신의 정체성을 지키면서도 진화하는 모습을 보여주었다.

다양한 컬래버레이션을 하지만, 정체성과 진정성을 잃지 않는다. 이는 곧 자신의 영향력과 행동이 미칠 파급 효과를 잘 이해하고 있다는 것을 의미한다.

✦ 서사를 스토리텔링하는 스폰서십
스위프트는 무대에서뿐 아니라 기업 홍보와 파트너십에서도 안목을 발휘한다. 자신의 이름과 브랜드가 결합되는 일에는 오히려 더 신중하게 접근한다. 그는 파트너십을 결정할 때, 자신의 가치와 홍보하려는 기업의 가치가 일치하는지를 검토하는 것으로 알려져 있다. 기업과의 파트너십은 금전적인 거래일 뿐 아니라 평판 거래이기도 하기 때문이다. 스위프트가 다이어트 콜라와 맺은 파트너십은 스위프트의 브랜드 가치와 코카콜라의 타깃 고객이 정확히 일치했기 때문에 가능했다.[2]

컬래버레이션이 상호 시너지를 강조한다면, 스폰서십은 브랜드와 아티스트 간의 공생 관계를 통해 모두의 위상을 높이는 것이다. 스위프트는 중심축 역할을 하며 브랜드를 자신의 정체성으로 끌어당긴다. 브랜드는 스위프트의 유명세를 통해 주목받고, 스위프트는 스폰서십을 통해 자신의 영향력을 확대하고 더 많은 새로운 대중에게 접근한다. 이를 통해 소중한 가치를 발신한다.

기업과의 파트너십은 일반적인 홍보 계약을 넘어선다. 스위프트와 커버걸Covergirl의 오랜 파트너십 관계는 유명한 팝 스타가 메이크업 라인을 선보이는 전형적인 사례로 보기는 어렵다. 이 파트너십은 스위프트의 자연스러운 아름다움과 개성을 중시하는 커버걸의 브랜드 가치가 결합된 사례로 보아야 한다. 커버걸은 스위프트의 성장 이야기와 스위프트가 중요하게 여기는 자기 표현에 대한 열정을 캠페인에 담았다.

특히 2011년 자연에서 영감을 받은 성분으로 개발된 제품들은 스위프트의 깨끗하고 신선한 이미지와 함께 자연스러운 매력을 보여주며 소비자들의 큰 주목을 받았다. 스위프트는 이 캠페인을 통해 자신을 있는 그대로 표현하는 여성들을 독려했다.

커버걸의 화장품은 스위프트의 가치와 이야기를 소비자들과 연결시키는 매개체가 되었다. 스위프트의 팬들은 그의 메시지에 공

---

2   스위프트는 주로 젊고 활동적인 팬층을 보유하고 있으며 다이어트 콜라는 건강과 칼로리 섭취를 중시하는 소비자들을 타깃으로 했다. 코카콜라는 다이어트 콜라를 통해 10대에서 30대 초반의 젊은 소비자층을 공략하고자 했다.

감하며 그가 사용하는 화장품을 통해 자신을 표현하고자 하는 열망을 공유하게 되었다. 커버걸은 스위프트를 통해 소비자와의 정서적 연결을 강화하면서 브랜드 가치를 높였다. 스위프트는 자신의 브랜드 서사를 강화하며 여성을 대변하는 이미지를 구축했다.

파트너십은 그 자체로도 스위프트의 이야기를 구성하는 중요한 요소다. 아티스트로서의 정체성과 유산을 더욱 풍부하게 만드는 역할도 한다. 대표적인 사례가 세계 최초 스니커즈 브랜드 케즈Keds와 2012년부터 여러 해 동안 맺은 파트너십이다. 스위프트는 케즈와 함께 여성 역량 강화를 핵심 메시지로 내세운 '레이디스 퍼스트Ladies First' 캠페인을 전개했다.

이 캠페인은 스위프트의 롤 모델로서의 영향력을 활용해 여성들이 자신의 개성, 자신감, 그리고 강인함을 받아들이고, 서로에게 영감을 줄 수 있는 글로벌 커뮤니티를 만드는 것을 목표로 했다. 장학금 기회를 제공해 젊은 여성들의 교육과 성장을 지원했고 스위프트의 스타일과 가치관을 반영한 한정판 신발 라인을 출시했다.

캠페인은 대담하고 독특한 여성들을 타깃으로 설계되었고 자기 성찰, 개인적 성장, 그리고 진정성이라는 스위프트의 가치관을 강조했다. 예를 들어, "모든 준비는 끝났고, 갈 곳은 어디든 있다All dressed up with everywhere to go"라는 슬로건을 통해 자신감 넘치는 스타일과 회복력을 강조했다. 케즈의 클래식한 챔피온 스니커즈는 현대적으로 재해석되었고, 기타 모양의 셰브론 패턴, 스위프트의 행운의 숫자 13이 새겨진 하트 장식, 스위프트 로고가 새겨진 기타 피크 메달 장식 등 스위프트의 개성을 담은 디자인으로 주목받았다. 특히 『레드』 앨범 발매를 기념한 한정판 레드 컬러의 챔피언 스니커즈는 출시 36시간 만에 온라인에서 완판되며 큰 인기를 끌었다.

이 파트너십을 통해 스위프트는 젊은 여성들의 역량 강화와 자기 표현을 장려하는 메시지를 전했다. "모든 젊은 여성들은 미지의 세계에 용기 있게 도전할 수 있는 잠재력이 있다"고 강조하며, 자신의 성공 스토리와 긍정적인 메시지로 케즈의 주요 고객인 10대 소녀들에게 큰 영감을 주었다. 케즈의 CEO 릭 블랙쇼Rick Blackshaw는 "스위프트는 수백만 명에게 영감을 주었으며 무언가에 마음을 두고 노력할 때 어떤 일이 일어날 수 있는지를 보여주는 롤 모델"이라고 설명했다. 또한 그는 "우리는 모든 소녀들이 멋지게 보일 뿐만 아니라 더 나은 기분을 느낄 수 있도록 돕는 데 전념하고 있다"고 덧붙였다. 스위프트와 케즈가 단순한 상업적 파트너십을 넘어, 여성들의 자신감과 개성을 존중하는 브랜드 철학을 공유하고 있음을 보여주는 말이다.

스위프트에게 파트너십은 기업의 비전과 함께 자신의 서사와 가치관을 전달하는 스토리텔링 과정이다. 이러한 접근 방식은 파트너십의 부자연스러운 요소를 제거하는 효과를 낸다. 스위프트가 음악을 통해 미처 보여주지 못한 부분까지 다양하게 소개할 수 있는 기회이기도 하다.

특히 스위프트의 팬층은 헌신적인 소비자다. '스위프트 효과'는 즉각적이고 강력하다. 그가 지지하는 제품과 옹호하는 사회적 이슈는 눈에 띄는 성과를 내며 그의 브랜드 파워를 입증한다. 예술성을 기업 브랜드와 융합하는 그의 능력은 스위프트가 다른 셀럽들과 차별화되는 요소다. 파트너십의 성공은 단기적 수익이 아니라 지속적인 공명에 의해 결정된다는 사실을 알고 있기 때문일 것이다.

역자 노트 : 향수와 콘텐츠를 통한 서사 확장

스위프트는 현재 공식적인 브랜드 파트너십을 맺고 있지 않지만, 과거에는 다양한 사례가 있었다. 2008년부터 2010년까지 엘이 아이 진LEI Jean의 캠페인에 출연했고, 2010년에는 커버걸의 네이처럭스NatureLuxe 컬렉션의 얼굴로 활약했으며, 2010년부터 2014년까지는 엘리자베스 아덴Elizabeth Arden과 함께 향수를 출시했다. 2013년부터 2018년까지는 코카콜라 다이어트 코크의 홍보 대사로 활동했다.

특히 향수는 스위프트의 음악과 서사를 담아내는 새로운 수단이었다. 각 향수는 그의 노래처럼 개인적 이야기와 감정을 담고 있었으며, 향수병의 디자인은 그의 정체성과 예술성을 시각적으로 표현한 작품으로 평가받았다. 팬들은 스위프트의 향수를 사용하면서 후각적 내러티브를 경험했다.

스위프트는 2011년부터 2014년까지 총 5종의 향수를 출시했는데, 그의 음악적 여정과 밀접하게 연결되어 있다. 첫번째 향수인 「원더스트럭Wonderstruck」은 『스피크 나우』 앨범 발매와 함께 선보였다. 수록곡 「Enchanted」에서 영감을 받아 첫 만남의 설렘과 마법 같은 감정을 담아냈다. 보라빛 병에 골드 장식이 더해진 디자인은 신비로운 이야기를 담은 보물 상자를 연상케 했다. 두 번째 향수 「원더스트럭 인챈티드Wonderstruck Enchanted」는 컨트리 이미지에서 벗어나 팝 요소를 가미한 『레드』 앨범을 기념해 출시되었다. 이 향수는 스위프트의 음악에서 느껴지는 깊어진 감정을 반영하며 강렬하고 관능적인 향이 특징이었다. 짙은 붉은색 병과 화려한 금빛 장식은 성숙한 음악과 감정을 향으로 표현한 것으로, 팬들은 앨범과 강하게 연결된 서사를 느꼈다.

2013년 이름을 걸고 출시한 「테일러 바이 테일러 스위프트 Taylor by Taylor Swift」는 자연스럽고 친근한 이미지를 강조했다. 2014년 스위프트가 컨트리 음악에서 팝 음악으로 전환한 앨범 『1989』 발매 시기에는 두 가지 향수가 나왔다. 「메이드 오브 스타라이트 Made of Starlight」는 가볍고 신선한 느낌을 강조하며, 반짝이는 별과 하늘을 연상시키는 밝고 맑은 디자인으로 향수병 전체가 반짝였다. 이어서 출시한 「인크레더블 띵스Incredible Things」는 더욱 성숙하고 자신감 넘치는 이미지를 담고 있다. 화이트 앰버와 마다가스카르 바닐라 등 성숙하고 부드러운 향으로 여성성을 표현했다. 이 시기는 스위프트가 음악석으로 큰 변화를 겪던 시기로, 스위프트의 새 향수 컬렉션은 그의 음악적 변신을 상징했다. 소녀에서 성숙한 아티스트로 성장해 가는 과정을 향기라는 새로운 감각적 경험을 통해 각인시킬 수 있었다.

스위프트는 AT&T와 콘텐츠 독점 계약을 맺기도 했다. 이 파트너십은 아티스트의 내러티브를 가치 있게 여기고 증폭시킬 수 있는 파트너를 선택한 결과였다. AT&T는 스위프트의 스타성을 활용할 뿐 아니라, 고품질의 콘텐츠에 대한 공통의 비전에 투자했다. AT&T는 스위프트를 통해 세계적 수준의 엔터테인먼트를 제공하는 업체로 포지셔닝하면서 아티스트의 창작 과정과 가치, 팬들과의 공유를 중요하게 여기는 기업이라는 메시지를 전하고자 했다.

2016년 AT&T 채널을 통해 공개된 「테일러 스위프트 NOW」는 스위프트의 경력과 삶을 다룬 콘텐츠였다. 그의 경력 초반부터 함께해 온 사람들과의 에피소드, 팬들에게 선물을 보내거나 예상치 못한 순간에 깜짝 등장하는 내용 등 매주 새로운 내용이 공개됐다. 2017년에는 『레퓨테이션』 앨범을 발매하면서 처음으로 그의 창작 과정을 보여주는 영상 시리즈 「더 메이킹 오브 어 송The Making of a Song」을 공개했다. 관계의 초기 단계에서 느끼는 불확실함과 취약함을 주제로 한 곡 「Delicate」가 어떻게 발전해 나가는지를 생생하게 담아낸 영상은 팬들의 공감을 받았다. AT&T는 시리즈 공개를 축하하기 위해 스위프트와 200명 이상의 팬을 초대한 독점 행사를 개최했다.

스위프트는 최근 5년 이상 후원 계약을 맺지 않았지만, 미디어 영향력은 어느 때보다 강력하다. NFL 팀 캔자스시티 치프스Kansas City Chiefs 선수 트래비스 켈시Travis Kelce와의 연애가 스포츠, 엔터테인먼트 업계에 미친 파장이 대표적이다. 2023년 11월 두 사람의 관계가 공개된 이후, 스위프트는 남자친구가 활약하는 모습을 보기 위해 12번의 NFL 경기에 참석했다. 그러자 켈시의 포지션인 타이트엔드tight end 유니폼 판매는 거의 400% 증가했고, NFL시청률은 7% 증가했으며, 미식 축구에 대한 관심이 밀레니얼 세대에서 20%, Z세대에서 24% 증가했다. 이 현상은 특히 여성 팬들 사이에서 두드러졌다. 이들은 경기를 시청하는 데 그치지 않고 NFL 상품을 구매하고 치프스에 대한 글을 올리며 수많은 뉴스를 만들어냈다. 치프스가 슈퍼볼에 진출하기 전 추산한 바에 의하면, 스위프트는 치프스와 NFL이 3억 3150만 달러의 브랜드 가치를 창출하는 데 기여했다.

스위프트가 참석한 2024년 슈퍼볼은 1억 2380만 명이라는 역대 가장 많은 시청자를 모았다. 미국 역사상 가장 많이 본 생방송 10위를 차지할 정도의 규모다. 슈퍼볼에 건강, 뷰티 등 여성 소비자를 겨냥한 광고가 쏟아진 것도 이례적이었다. 미스티 헤게네스Misty Heggeness 캔자스대 교수는 "스위프트와 켈시의 관계는 단순한 연애 사건이 아닌, 경제학 연구 사례"라고 정의하며 '스위프트노믹스 101'이라는 스위프트 강좌를 개설했다. 이 강좌는 고등학교 교사와 대학 교수가 경제 수업에 활용할 수 있도록 '팝 스타가 NFL 사업에 미치는 영향'을 분석한다.

"저에게 벌어진 일들을 공유하는 것이
다른 아티스트들의 인식을 바꿀 수 있고,
그들이 비슷한 운명에 처하는 일을 피하는 데
도움이 된다고 굳게 믿습니다."

- 2016년 7월 11일『보그』인터뷰에서

8

지적 재산권 :
아티스트의 권리를 위해
일어서다

✦ 플랫폼 시장과 창작의 가치

디지딜 시대가 열리면시 음악 산업에 예상치 못한 변화가 찾아왔다. 스트리밍은 음반 판매를 대체했고 플레이리스트가 앨범을 대신하게 되었으며, 한 때는 손에 쥘 수 있었던 앨범은 이제 무형의 클라우드 공간에 자리 잡게 됐다. 이러한 패러다임의 변화로 누구나 쉽게 음악에 접근할 수 있게 됐지만, 아티스트의 권리와 보상의 불균형 문제도 수면 위로 떠올랐다.

아티스트들은 선택의 갈림길에 섰다. 앨범 판매와 공연에 의존하던 전통적인 수익 모델은 점점 약화되었다. 스트리밍은 수익 창출 모델을 재편하며 음악 산업의 판도를 새롭게 그리기 시작했다. 디지

136

털 변화는 기성 아티스트들에게 혼란 그 자체였다. 신인 아티스트들에겐 더욱 힘겨운 도전이었다. 이렇다 할 명성이 없고 발표곡이 많지 않은 신인들은 디지털 환경에서 하루 아침에 인기를 얻을 수도 있었지만 그에 걸맞은 재정적 안정을 얻는 일은 어려워졌다. 이들이 밤을 새며 열정을 다해 만든 곡들은 알고리즘에 따라 묻혀버릴 위험에 처했고, 매일 신곡이 쏟아지는 콘텐츠의 바다에서 잠깐이라도 대중의 관심을 받은 곡들만 성공할 수 있었다.

2008년 세계 최대의 음원 스트리밍 서비스 스포티파이Spotify가 등장했다. 스포티파이는 음악 청취 경험을 민주화하겠다는 목표를 내걸었다. 목표는 실현됐다. 소비자들은 아주 적은 비용을 내거나 무료로 수백만 곡을 즐길 수 있었다. 방대하고 다양한 음악에 접근할 수 있다는 점은 매우 매력적이었고 순식간에 수백만 사용자가 스포티파이로 몰려들었다.

음악 팬과 아티스트의 관계도 빠르게 변화하고 있었다. 음반 발매일을 간절히 기다리다가 손에 넣은 CD의 비닐을 뜯던 기쁨이나, 설레는 마음으로 LP판 위에 전축 바늘을 올려놓던 시절은 가고 이제는 음악을 빠르고 강렬하게 소비하는 시대가 왔다. 대중들은 이 트랙에서 저 트랙으로, 이 아티스트에서 저 아티스트로 이동하면서 귀를 즐겁게 해줄 또 다른 청각적 자극을 찾아 헤맸다. 아티스트의 음반 전체에 몰입해 그들이 음악적으로 진화하는 과정을 느끼며 창작의 여정을 소중히 여기던 시절은 과거의 유물이 되었다. 음악 소비에 있어 즉시성은 음악 팬들의 귀는 즐겁게 해줬지만 아티스트들에게는 큰 도전이었다.

알고리즘에 의해 끊임없이 추천되고 임의로 재생되는 플레이리스트 뒤로 불만이 쌓이고 있었다. 아티스트와 음반사는 자신들에게 돌아오는 수익을 자세히 들여다보았고, 엄청난 재생 횟수에 비해 보상이 터무니없이 작다는 사실을 깨달았다. 스트리밍 1회당 받는 저작권료는 1페니(약 15원)에 불과했다. 이 구조는 음악 플랫폼에는 엄청난 수익을 안겨주었다. 그러나 많은 아티스트들은 인기가 지속가능한 수익으로 연결되지 않을 수 있다는 씁쓸한 현실과 직면해야 했다.

디지털 보상의 혹독한 현실과 음악의 가치에 대한 인식 사이의 격차가 커지면서 금전적 보상을 넘어서는 더 깊은 대화가 시작되었다. 디지털 시대에 예술의 본질적 가치에 대한 논의가 이루어진 것이다. 데이터가 새로운 화폐이고 알고리즘이 무엇을 보여줄지 결정하는 시대에 인간의 창의성이 설 자리는 어디일까? 일시적 관계에 익숙한 디지털 시대에 어떻게 대중과 진정한 관계를 맺을 수 있을까? 콘텐츠가 이미 포화된 디지털 시장 속에서 어떻게 내 목소리, 내러티브, 예술성을 유지할 수 있을까? 이러한 고민들은 디지털 시대에 아티스트들이 풀어야 할 과제가 되었다.

아티스트들이 스튜디오를 떠나지 않고 영혼을 쏟아부어 작곡에 매진할수록, 투자 대비 수익의 불균형은 더욱 심화되는 듯했다. 이는 단순히 금전적인 문제라기보다는 비트, 가사, 멜로디 하나 하나에 들어간 예술가의 심장, 영혼, 땀에 대한 사회적 인정과 존중에 관한 것이었다. 디지털 혁명은 민주적 효과에도 불구하고 '대량 소비를 위해 음악을 상업화하는 과정에서 영혼이 담긴 예술의 본질을 의도치 않게 훼손하고 있는 것은 아닌가?' 하는 중요한 의문을 던졌다.

언제나 아티스트들의 권리를 수호해 온 스위프트는 문제를 지켜보고만 있지 않았다. 그는 중심에 서서, 뒤에서 말들은 많았지만 누구도 대놓고 말하지 못한 문제를 꺼내들었다. 2014년 스위프트는 스포티파이에서 자신의 모든 음원을 철수하는 결단을 내렸고, 이 플랫폼이 아티스트들의 작업을 정당하게 보상하지 않았다고 비판했다. 그는 예술 역시 모든 노동과 같이 적절한 대가를 받을 권리가 있다고 주장했다. 또한 자신의 음악은 최소 비용으로 스트리밍될 수 있는 단순한 상품이 아니라 영혼과 경험, 그리고 기술이 반영된 작품이라는 것을 강조했다.

스위프트의 결정은 예술계에서 반향을 일으켰다. 스위프트가 이 논란 많은 문제에 맞서 보여준 용기와 신념을 지켜본 다른 아티스트들은 스트리밍 플랫폼과의 관계를 되돌아보기 시작했다. 단순히 수입만이 아니라 응당 받아야 한다고 믿는 가치와 대우에 대해 다시 생각하기 시작한 것이다. 디지털 세상은 편리하지만 미묘하게 경계선을 흐리고 있었다. 창작자들은 콘텐츠로 가득 찬 환경 속에서 자신의 가치를 의심하게 되었다. 스위프트의 행동은 알고리즘과 스트리밍 횟수를 떠나 음악이란 인간 경험의 집약이며 측정할 수 없는 가치를 지니고 있다는 사실을 짚어낸 것이었다.

스위프트는 아티스트들에게 우리의 작품을 소중하게 여겨야 한다는 메시지를 전했다. 작품은 저평가되거나 싼값에 팔려서는 안 되는, 고유하고 대체할 수 없는 보물이며 당연히 그에 걸맞은 존중과 인정을 받아야 한다고 주장했다. 그는 기업들이 지적 재산권을 보호하듯이 아티스트도 창작물을 보호해야 한다고 강조했다. 자신의 음원을 스트리밍 서비스에서 철수시키며 그는 자신뿐만 아니라 수많은 아티스트, 특히 신인 아티스트에게 타격을 주는 구조적 문제를 지적했다.

많은 이들이 스위프트의 행동에 환호했지만, 일부 비평가들은 그가 산업 발전을 저해한다고 비난했다. 그들은 "스트리밍이 미래가 아니냐, 아티스트들이 새로운 환경에 적응해야 하지 않느냐"고 반문했다. 그러나 이러한 주장은 발전이 공정성을 해치면서 이루어져서는 안 된다는 중요한 원칙을 놓쳤다. 비즈니스 세계에서 진정한 혁신과 번영은 창작자와 소비자, 공급자와 사용자가 공생할 때 가능하다.

스위프트와 스포티파이의 대립에서 얻을 수 있는 교훈은 혁신과 파괴가 성장의 촉매가 될 수 있지만 그 과정은 반드시 윤리적이어야 한다는 것이다. 기업들은 시장 우위를 추구하는 과정에서 그 성장을 견인하는 이들에게 공정한 보상을 제공하고 있는지 스스로 물어봐야 한다. 스위프트가 아티스트들의 권리를 옹호한 것처럼, 기업들도 파트너나 공급업체를 희생시켜서는 안 된다.

결국 스위프트와 스포티파이는 합의점을 찾았다. 이 합의는 단순히 한 아티스트와 한 플랫폼 간의 화해가 아니었다. 업계 전반의 성찰을 의미했으며, 디지털 시대에 아티스트의 권리에 대한 새로운 대화의 시작을 알렸다. 스포티파이를 비롯한 여러 스트리밍 플랫폼들이 비즈니스 모델을 발전시키면서, 음악 산업도 스스로 접근성과 공정한 보상 사이의 균형을 찾는 변화를 모색하기 시작했다.

음악계 슈퍼스타가 스트리밍 거인과 맞서 싸운 이야기만으로 읽혀서는 안 되는 일이다. 성장과 윤리 사이의 균형을 모색하는 기업의 기본 원칙에 대한 이야기이기 때문이다. 스위프트가 아티스트들의 권리를 위해 일어섰듯, 기업들도 직원과 공급자, 파트너 등 이해관계자들의 권리를 보호해야 한다는 메시지다.

디지털 폭풍 속에서 스위프트와 같이 파도를 타는 것에 만족하지 않고 기꺼이 조류에 맞서는 이들을 확보하는 것이 중요하다. 스위프트가 벌인 시위의 본질은 '즉시성이 진실성보다 우선하는 시대에 아티스트들은 어떻게 창작물의 신성함을 유지할 수 있을까?' 하는 실존적 질문을 부각시켰다. 스위프트와 스포티파이의 싸움은 단순한 개인적 분쟁이 아니라, 영혼의 예술적 표현을 상품화하는 시장에서 자신의 가치를 주장할 때 아티스트들이 직면할 수 있는 더 큰 전쟁을 상징했다. 산업과 플랫폼이 진화하고 있는 현재, 우리는 창작물의 원동력은 그 모든 취약함과 열정을 가진 인간의 영혼이라는 점을 반드시 기억해야 한다.

스위프트는 예술과 상업이 복잡하게 얽힌 시장에서도 흔들리지 않는 진실성으로 아티스트의 본질과 관객의 경험을 모두 존중하는 균형을 이룰 수 있다는 것을 증명했다. 디지털 세계는 기회와 도전으로 가득 차 있다. 이 복잡한 지형을 헤쳐나가기 위해서는 전략적 감각뿐만 아니라 도덕적 원칙도 필요하다. 스위프트와 스포티파이의 사례는 서로 다른 길을 걷는 것처럼 보이는 상업과 윤리가 결단력을 가진 누군가에 의해 경로를 합칠 수 있음을 보여준다. 이러한 행동은 단기적 수익성을 넘어 지속 가능한 유산을 만드는 강력한 서사를 구축하는 토대가 된다.

✦ 재녹음과 전략적 재창조 모델

아티스트 권리와 디지털 세계를 둘러싼 복잡한 문제 속에서 스위프트는 생존을 넘어 자신의 길을 창조하는 '개척자'였다. 그의 경력에서 중요한 장을 맞이한 스위프트는 자신의 초기 앨범의 소유권에 관한 거대한 도전에 직면하게 된다. 그는 2018년 11월 15살 때부터 함께 한 음반사 빅머신 레코드와 결별했지만 그의 초기 6개 앨범에 대한 마스터 레코딩 권리[1]는 빅머신 레코드가 소유하고 있었다. 2019년 빅머신 레코드가 스쿠터 브라운의 이타카 홀딩스에 인수되면서 스위프트의 의사와 무관하게 초기 작품들의 마스터 레코딩이 브라운의 소유가 되었다. 그는 이 음악이 자신의 동의 없이 팔린 것을 크게 우려했고, 자신의 음악과 개인의 정체성을 통제할

---

1 마스터 권한은 음반의 판매 및 배포권을 의미한다. 일반적으로 아티스트가 음반사와 계약할 때 이 권한은 음반사가 갖는다. 마스터 권한을 소유하면 음원 다운로드, 스트리밍, 실물 앨범 판매 등 모든 복제본에 대한 권리를 가지며, 영화나 드라마에 삽입곡을 허용할지 여부를 결정하는 권한도 포함된다.

수 없게 된 것에 대해 실망했다.

스위프트는 음악적 정체성의 뿌리인 초기 앨범에 대한 권리를 되찾는 힘겨운 싸움을 시작했다. 그는 기업들이 자산에 대한 지분을 되찾기 위해 사용하는 비즈니스 전략에 상응하는 결정을 한다. 앨범들을 재녹음하기로 한 것이다. 반항을 하거나 향수를 불러일으키려는 치기가 아니었다. 비즈니스 통찰에 기반한 전략적 결정이었다.2 기업이 자사 주식을 매입하여 미래에 대한 더 큰 지배력을 행사하는 것과 마찬가지로, 스위프트의 재녹음 계획은 브랜드 보호와 자기 주도성self-agency3을 위한 선택이었다. 오리지널 마스터 레코딩은 기업의 기초 자산에 해당한다. 이는 금전적 가치뿐만 아니라 스위프트의 유산legacy이며 예술적 진화를 증명하는 작품이다.

기업은 적대적 인수 합병을 모면하거나 비우호적 이해관계자에게 넘어간 자산 통제권을 되찾기 위해 전략을 구사한다. 스위프트

---

2   2020년에 이타카 홀딩스는 초기 앨범들의 소유권을 사모펀드 샴록 홀딩스(shamrock holdings)에 다시 매각했다. 이 매각 과정에서 스위프트는 사모펀드와의 거래를 통해 자신의 음원 소유권을 되찾는 것도 고려했으나, 거래를 통해 스쿠터 브라운이 경제적 이익을 얻을 것이라는 사실을 알게 되었고, 제안을 거부했다. 스위프트는 브라운과의 관련성을 끊고 자신의 음악에 대한 통제권을 되찾기 위해 앨범을 재녹음하기로 결정했다.

3   개인이 자신의 행동과 결정에 대한 주도권을 가지고 스스로 선택하고 실행하는 능력을 의미한다. 이는 자율성과 책임감을 포함하며 외부의 영향이나 압력에 의존하지 않고 자신의 목표와 가치에 따라 행동하는 능력을 강조한다. 예술가의 경우 자기 주도성은 창작 과정에서 자신의 예술적 비전을 지키고 자신의 작품에 대한 권리를 보호하며 외부의 간섭 없이 독립적으로 활동하는 것을 의미한다.

지적 재산권 :
아티스트의 권리를 위해 일어서다

143

도 정확히 같은 선택을 했다. 그는 '브랜드의 핵심이 위험에 처했을 때 그 본질과 유산을 어떻게 보호할 것인가?'에 대한 답을 찾아냈다. 재녹음을 통해 자신의 노래에 대한 권리를 되찾았을 뿐 아니라 음악 산업의 권력 역학을 재정립했다. 그는 계약의 구속이나 기업의 전략에 얽매이지 않고 자신의 서사를 주도하는 예술가로서의 모습을 보여주었다. 이 과정에서 그는 전 세계 아티스트에게 다음과 같은 영감을 주었다: "당신의 예술, 당신의 유산은 방어하고 보호하며 싸울 가치가 있습니다." 기업들이 지적 재산, 특허, 독점 기술을 치열하게 보호하는 것처럼 스위프트는 기억과 감정, 이야기로 만든 아티스트의 창작물도 마땅히 보호와 존중을 받아야 한다는 것을 실천으로 보여주었다.

다른 가수였다면 절망에 빠지고도 남았을 충격적인 사건이었다. 그러나 스위프트는 위기를 기회로 만들었다. 틈새 시장을 찾아 열정적으로 뛰어드는 기업가처럼 위기를 발판으로 삼을 방법을 찾았다. 다시 녹음한 그의 초기 앨범들은 차트를 석권했고 스위프트 브랜드의 초석이 되었다. 기업의 브랜드는 곧 자산이다. 브랜드는 수년에서 수십 년에 걸친 전략적 포지셔닝과 마케팅, 그리고 소비자와 쌓은 신뢰를 의미한다. 만약 어떤 회사가 자신의 브랜드, 즉 정체성을 외부 세력에 저당잡히게 된다면 생각만으로도 끔찍한 일이 아닐 수 없다. 스위프트가 처한 상황이 그랬다.

스위프트는 그동안의 여정을 특징짓는 특유의 회복력과 기민함을 발휘해 혁명적인 발표를 했다. 2019년 8월 스위프트는 아침

방송 프로그램 「굿모닝 아메리카Good Morning America」에서 자신의 초기 앨범을 2020년 11월부터 재녹음할 계획이라고 발표했다. 예술적으로나 전략적으로나 천재적인 발상이었다.

재녹음은 결코 쉬운 일이 아니었다. 과거 그 시절의 정서로 돌아가 그때의 마법을 재현해야 했기 때문이다. 대부분의 아티스트들에게는 해내기 어려운 일이었을 수도 있다. 하지만 스위프트의 결심은 확고했다. 다시 부르고 연주한 모든 노래는 단순한 추억 여행이 아니라 예술의 자주성과 비즈니스적 민첩성에 대한 심오한 성명서나 다름없었다.

스위프트의 재녹음은 열정과 전략이 맞물렸을 때 어떤 성과를 얻을 수 있는지 말하고 있다. 자신의 과거를 되돌아보고 그 시절 다듬어지지 않은 풋풋한 정서를 새로운 버전에 담아낸 정서적 헌신은 그의 예술성을 보여준다. 그러나 그보다 더 눈에 띄는 점은 이를 뒷받침한 스위프트의 판단력이다. 기업이 주력 상품을 재출시하는 것처럼 스위프트는 재녹음을 통해 자신의 브랜드에 다시 활력을 불어넣었다. 단순히 과거를 재현한 것이 아니라 미래를 재정립하고 강화한 것이다. 이는 또한 선례를 만들고 주도권을 주장하는 일이었다. 아티스트에게 감당할 수 없을 것 같은 역경이 닥치더라도 헤쳐나갈 방법은 항상 있다는 메시지를 주었다.

비즈니스 관점에서 스위프트는 재녹음을 통해 여러 전략적 목표를 달성했다. 첫째, 대중에게 예술의 소유권의 중요성을 알렸다. 회사가 소비자들에게 윤리적 공급망 또는 지속 가능한 관행에 대해 알리는 것처럼 스위프트는 팬들에게 음악 산업의 복잡성을 알렸다. 둘째, 재녹음 버전을 발표해 빼앗긴 기존 버전과 직접 경쟁할 곡들을 시장에 내놓았다. 오랜 시간 축적해 온 브랜드 충성도는 제 역할을 톡톡히 해냈고 상황을 모두 알았던 스위프티들은 재녹음 버전을 선택했다. 스위프트의 대의를 지지하며 권리 투쟁에 동참하고자 한 것이다. 팬들 사이에서는 테일러 버전이 아닌 오리지널 버전을 선택하는 건 부끄러운 행동이었다. 음원 선택의 문제가 아니라 스위프트가 창작한 음악에 대한 소유권과 아티스트의 권리를 지지하는 문제였다. 테일러 버전을 듣는다는 것은 음악 산업의 불공정성을 바로잡는 상징적인 행동이 됐다. 비즈니스 세계에서 개인적 유대의 힘은 강력하다. 그 파급 효과는 음악을 뛰어넘어 소유권과 역량 강화, 자기 존중의 원칙으로 확산됐다.

재녹음 프로젝트는 성공적이었다. 스위프트는 히트곡을 다듬고 가사를 수정한 뒤 미공개 곡을 추기해 작품을 새로운 세대에게 알리는 기회를 얻었다. 스위프트가 거의 10년 전에 어떻게 팝 음악계에서 자리 잡았는지 상기시키는 계기이기도 했다. 스위프트 역시 재녹음 프로젝트를 예술적, 개인적 전환점으로 인식했다. 그는 2023년 8월 『1989』 앨범 재녹음과 관련해 "새로 시작하는 것과 같다"고 소셜 미디어에 밝혔다.

명백한 전략적 장점 외에도 스위프트의 노력에는 또 다른 의미가 있다. 재녹음 앨범은 단순한 자기 복제가 아니었다. 여기에는 성장하고 진화해서 돌아온 아티스트의 성숙함이 담겨 있다. 스위프트는 팬들에게 익숙한 멜로디를 선사하되 경험과 성찰만이 줄 수 있는 풍성함을 더했다. 이는 기업들이 클래식 제품을 재출시할 때 오늘날의 기술과 통찰력을 더해 향수를 불러일으키면서도 동시에 신선함을 전달하는 것과 비슷하다.

비즈니스 세계는 위기를 헤쳐나간 기업들의 이야기로 가득하다. 어떤 기업은 집중력 있게 위기를 극복했다. 스위프트의 재녹음 사례도 그중 하나다. 스위프트는 자신의 예전 앨범을 재녹음하면서 자신의 유산을 지켰을 뿐 아니라 증폭시켰다. 불안정한 시장에서 위기는 필연적으로 발생한다. 하지만 명확한 목적, 브랜드에 대한 확고한 신념, 민첩한 적응력은 어려움을 극복하게 해줄 뿐 아니라 성공으로 가는 새로운 길을 열어준다. 이는 곧 역경과 마주하는 회복력의 기술이기도 하다.

콘텐츠의 소유권이 모호해진 디지털 시대에 스위프트는 우리가 창조하고 아끼고 보호하고자 하는 것의 유무형적 가치를 말했다. 이를 통해 스위프트는 팬들뿐 아니라 모든 세대를 아우르는 사상가와 행동가들에게 영감을 불어넣었다. 진정성과 목적이 있으면 장애물도 성공으로 향하는 새로운 길로 바꿀 수 있다는 것을 증명했기 때문이다.

역자 노트 : 노동의 가치를 이해한 아티스트

스위프트는 오늘날 수백만 달러를 벌 수 있는 아티스트지만, 오랫동안 '소녀스러운' 이미지와 일기 형식의 가사로 인해 진지한 아티스트로 인정받지 못했다. 그러나 재능 있는 젊은 여성은 사업적 통찰력을 바탕으로 노동의 가치를 이해하는 성숙한 팝 스타로 성장했다. 스위프트는 창작물이 공정하게 대우받는 환경을 만들기 위해 공개적으로 자신의 견해를 밝히며 중요한 사업적 결정을 해왔다.

2014년 7월, 스위프트는 『월스트리트저널』에 기고한 글을 통해 음악이 무료로 제공되는 스트리밍 시스템에 문제를 제기했다. "음악은 예술이며, 예술은 중요하고 희귀하다. 중요하고 희귀한 것은 가치가 있다. 가치 있는 것은 대가를 받아야 한다"고 주장하며 음악이 무료로 제공되어서는 안 된다고 밝혔다. 그는 스포티파이에 자신의 앨범을 유료 구독자에게만 제공할 것을 요구했다가 거부당했다. 결국 스위프트는 자신의 음원을 스포티파이에서 모두 내리는 조치를 했다.

2015년 제이지Jay-Z는 아티스트들에게 더 많은 로열티를 제공하는 스트리밍 서비스 타이달Tidal을 런칭했다. 전설적인 싱어송라이터 프린스Prince는 타이달을 제외한 대부분의 스트리밍 서비스에서 음원을 삭제했다. 스위프트 또한 『1989』을 제외한 모든 음원을 타이달에 올렸다. 라디오헤드Radiohead의 톰 요크Thom Yorke와 토킹 헤즈Talking Heads의 데이비드 번David Byrne 역시 아티스트 수익 배분의 불공정성을 비판하며, 창작자의 권리에 대한 논의는 더욱 활발해졌다.

스포티파이의 CEO 다니엘 에크Daniel Ek는 스위프트와의 관계를 회복하기 위해 내슈빌로 여러 차례 찾아갔다. 그는 스위프트의 레이블에 스트리밍의 중요성을 설명했다. 스위프트는 3년 후인 2017년 6월 9일 스포티파이로 돌아왔다. 그동안 스포티파이는 아티스트에 대한 보상 정책을 변경하지 않았지만, 불법 복제 음악을 삭제했다. 복귀 직전인 4월에는 신규 앨범을 처음 2주 동안 유료 고객에게만 제공하는 정책을 도입했다.

스위프트가 스트리밍에 대한 입장을 재정립하게 된 것은 애플과 대립하면서다. 2015년 6월, 애플은 애플 뮤직을 출시하고 3개월 무료 체험을 제공했다. 이 기간 동안 아티스트들은 로열티를 받지 못했다. 그러자 스위프트는 텀블러에 글을 올려 실망감을 표현했다. 그는 이 정책이 첫 싱글을 발표하고 로열티를 기대하는 신예 아티스트들, 새로운 아이디어로 끊임없이 음악을 만드는 프로듀서들에게 큰 타격이 될 것이라고 지적했다. 또 애플이 유료 스트리밍 모델을 지향하는 것은 아름다운 진전이라고 평가했지만 "3개월 동안 아무 대가 없이 일하는 것은 공정하지 않다. 애플은 충분히 아티스트, 작가, 프로듀서에게도 로열티를 지급할 수 있는 자본을 보유하고 있다"고 비판했다. 이는 개인적인 이익보다는 음악 산업 전반의 공정성을 옹호하는 메시지였으며, 스위프트가 스트리밍 서비스에 대한 입장을 재조정한 사례로 해석되었다.

애플은 24시간 만에 스위프트의 요구를 수용하고 무료 체험

기간 동안에도 아티스트에게 로열티를 지불하기로 했다. 스위프트는 애플 뮤직과의 논쟁에서 승리했다. 이후 그는 『1989』 앨범이 애플 뮤직에서 처음 스트리밍된다고 발표했다. 스위프트는 트위터를 통해 "앨범을 스트리밍하는 것이 처음으로 직감적으로 옳다고 느껴졌다"고 밝혔다. 이후 애플 뮤직과의 협업은 계속됐다. 「1989 월드 투어」 다큐멘터리가 애플 뮤직의 첫 독점 비디오 콘텐츠로 공개됐다. 이 다큐멘터리를 홍보하면서 스위프트는 @AppleMusic을 태그했다. 2016년 4월에는 애플 뮤직 광고 3편에 스위프트가 등장한다. 스위프트는 적극적으로 스트리밍 서비스를 홍보하는 입장으로 돌아섰다.

2019년 8월, 스위프트는 「굿모닝 아메리카」 인터뷰에서 과거 앨범을 재녹음할 계획을 발표했다. 이후 『피어리스』(2021), 『레드』(2021), 『스피크 나우』(2023), 『1989』(2023) 4개의 테일러 버전 앨범을 재발매했다. 특히 『레드』의 수록곡인 「All Too Well」은 빌보드 싱글 차트 1위를 차지했다. 빌보드 싱글 차트에서 10분이 넘는 노래로 1위를 차지한 것은 최초다. 원래 5분 30초로 축약되어 발매됐던 이 곡은 재녹음하면서 원래 가사와 브리지를 포함한 10분 버전으로 공개되었다. 스위프트의 탁월한 가사, 스토리텔링, 감정 전달 능력이 크게 주목받으며 평론가들의 찬사를 받았다. 또한 이 곡을 기반으로 만든 단편 영화 「올 투 웰: 단편 영화All Too Well: The Short Film」는 곡의 내러티브를 한층 강화했다. 세이디 싱크Sadie Sink와 딜런 오브라이언Dylan O'Brien이 주연을 맡아, 관계의 시작부터 끝까지의 과정을 생생하게 표현하며 스위프트가 전달하고자 한 감정과 서사를 극대화했다.

마스터 권리를 찾기 위해 재녹음을 시도한 아티스트는 스위프트가 처음은 아니다. 1999년 프린스Prince는 1982년 히트곡 「1999」의 새로운 버전을 담은 『1999: The New Master』라는 EP를 발매했다. 이 EP는 워너 브라더스Warner Bros.가 소유한 마스터 레코딩에 대한 대안으로 프린스가 직접 재녹음한 것이다. CD와 희귀한 보라색 LP 12인치로 발매됐으나 상업적으로 성공하지 못해 빌보드 차트 150위에 그쳤다.

스위프트와 프린스의 차이는 음악 시장의 구조에 있다. 과거에는 재녹음된 실물 음반을 구입하려면 CD나 LP판을 새로 사야 했지만, 스트리밍 시대에는 재녹음 버전을 듣는 데 추가 비용이 들지 않는다. 팬들은 새로운 버전을 쉽게 선택할 수 있다. 2022년 11월 출시된 테일러 버전의 『레드』 앨범은 2023년 7월까지 28.6억 회 스트리밍된 반면, 오리지널 앨범은 4.76억 회에 그쳤다. 다른 3장의 재녹음 앨범 역시 비슷한 경향을 보였다. 스위프트의 재녹음 앨범이 성공하면서, 다른 아티스트들도 과거 음악을 재녹음하는 경향이 나타나고 있다. 신인 아티스트들은 계약 시 마스터 레코딩 소유권에 더 많은 주의를 기울이고 있으며, 일부는 계약에서 마스터 레코딩 소유권을 요구하기 시작했다. 음반 제작사들은 로열티 비율을 높이거나 재녹음을 제한하는 계약 기간을 연장하는 방식으로 대응하고 있다.

"모든 젊은 여성들에게 말하고 싶습니다. 여러분이 성공을
이루었을 때, 그 성취를 깎아내리려는 사람들이 있을 것입니다.
혹은 그 성공을 그들의 공으로 돌리려는 사람들이 있을지도
모릅니다. 하지만 그 성공은 여러분의 것이고, 여러분의
노력 덕분에 이뤄진 것입니다."

- 2016년 그래미 어워드 올해의 앨범상 수상 소감에서

9

위기 관리 :
부정적 내러티브까지
장악하다

기업 경영은 예측할 수 없다. 잠재적으로 큰 어려움이 닥칠 가능성이 있다는 사실만 예측 가능하다. 노련한 위기 관리 전문가조차도 기량을 시험받는 상황에 직면하곤 한다. 어떤 위기는 개인의 경력이나 기업의 운명을 결정 짓기도 한다. 2006년 16세에 데뷔한 후 스위프트의 음악 인생에는 찬사와 논란이 함께했다. 그가 어려운 시기를 극복해 온 위기 관리 전략은 위기를 맞은 기업가들에게 소중한 통찰력을 제공할 것이다.

✦ 위기를 돌파하는 자기 주도적 서사

한 다국적 기업이 품질 문제로 집중 조명을 받고 있다고 가정해 보자. 소비자들의 즉각적인 비난이 쏟아지고 주가는 폭락하며 언론은 문제점을 가차 없이 보도할 것이다. 이러한 시련은 기업의 평판을 돌이킬 수 없을 정도로 훼손시킬 수 있다. 하지만 이러한 위기 속에서도 새로운 서사를 만들고 이미지 변신을 시도하는 기업들이 있다.

스위프트 역시 그렇다. 그는 정상에 오르는 동안 수차례 위기를 맞았다. 동료 연예인과의 공개적인 불화부터 자신의 노래와 관련된 논란까지 유명세의 변덕스러운 속성을 온몸으로 겪으며 성장했다. 위기 상황에서 스위프트는 대중 정서를 읽고 필요에 따라 방향을 전환하거나, 때로는 전략적으로 침묵했다. 노련한 CEO 같다는 평가를 받을 정도의 능숙한 대처였다.

2016년 래퍼 칸예 웨스트와의 통화 녹취록이 공개되며 발생한 논란의 파장은 엄청났다. 스위프트는 진실 공방에 휘말리기보다 음악에 집중하며 문제를 해결하고자 했다. 그는 이 경험과 부정직내러티브를 자신의 이야기로 승화시킨 앨범으로 만들어, 서사를 주도하는 방식으로 위기 상황에 대응했다. 이 과정에서 취약한 모습까지 솔직하게 드러내 팬들의 공감과 지지를 받았다. 부정적 여론에 직면한 기업이 투명하게 실수를 바로잡겠다는 의지를 밝히며 정면 돌파하는 모습이 떠오른다. 웨스트와의 불화는 여론 평판이 손상될 위기에 처한 다국적 기업의 신중한 대처와 비교할 만한 사건이었다.

둘의 불화는 2009년으로 거슬러 올라간다. 그해 MTV의 비디오 뮤직 어워드VMA에서 웨스트는 최고 뮤직 비디오상을 수상한 스위프트가 소감을 밝히고 있던 무대에 갑작스럽게 난입했다. 스위프트의 마이크를 빼앗고, 비욘세의 「Single Ladies」가 상을 받아야 한다고 소리쳤다. 당시 19세였던 스위프트는 충격을 받은 듯 굳은 채로 서 있었고 아무런 대응도 하지 못했다. 이 사건은 뜨거운 논란을 일으켰다. 이후 웨스트는 블로그와 트위터를 통해 사과했다. 스위프트는 이에 대해 공개적인 언급을 자제하고 2010년 『스피크 나우』 앨범을 통해 자신의 입장을 밝혔다. 「Innocent」라는 곡에서 이 사건을 언급하며 용서와 성장의 메시지를 전한 것이다.[1] 사건 발생 1년 후, 같은 무대에 오른 스위프트는 이 곡을 공연했다. 웨스트도 그 자리에 있었다. 2015년 VMA에서 스위프트가 웨스트가 받은 '마이클 잭슨 비디오 뱅가드'상 시상자로 나선 것은 공개적 화해로 해석됐다.

문제는 2016년에 다시 불거졌다. 웨스트가 자신의 곡을 통해 사건을 언급하면서다. 웨스트는 『더 라이프 오브 파블로The Life of Pablo』 앨범의 「Famous」라는 곡에서 스위프트를 노골적으로 성희롱하고 자기 덕분에 스위프트가 유명해졌다고 모욕했다.[2] 이 가사는 큰 파문을 일으켰고 웨스트는 비난받았으며 스위프트는 공개

---

[1]   스위프트는 "who you are is not where you've been / You're still an innocent.", "Time turns flames to embers / You'll have new Septembers", "Today is never too late to be brand new" 등의 가사를 통해 과거의 실수가 그 사람의 전체를 정의하지 않으며, 시간이 흐르면 상처가 치유되고 인생에 새로운 시작과 기회가 찾아오기 때문에 언제든 자기 자신을 새롭게 정의하고 발전할 수 있다는 메시지를 전했다.

적으로 반발했다. 그러나 당시 웨스트의 아내였던 킴 카다시안Kim Kardashian이 스위프트가 이 가사를 허락해 놓고 뒤늦게 거짓말을 한다며 스위프트와 웨스트의 통화 녹취록을 공개했다. 녹취록에는 웨스트가 스위프트에게 「Famous」의 가사에 대해 언급하는 내용이 담겨 있었다. 스위프트에게 거센 비난이 쏟아졌다. 여러 해석과 판단이 이어졌고, 사람들은 스위프트를 교활한 뱀으로 묘사했다. 스위프트는 이러지도 저러지도 못하는 상황에 처했다. 그리고 1년간 대중의 시선에서 사라졌다.

이 모든 논란을 뒤로 하고, 2017년 발매한 앨범 『레퓨테이션』은 스위프트식 대응이자 입장문이었다. 배신, 언론의 민낯, 자기 구제라는 주제를 음악으로 정교하게 다루며, 논란을 있는 그대로 받아들이는 내용은 자신의 공적 이미지가 가진 어둡고 불안한 모습을 인정한 결과였다. 스위프트는 자기 성찰과 함께 취약한 순간을 진솔하게 드러냈다.

특히 「Look What You Made Me Do」는 부정적인 여론에 맞서는 브랜드의 대담한 캠페인을 연상시킨다. 뮤직 비디오에서 스위프트는 "여기 옛날의 테일러가 잠들다Here Lies the Old Taylor"라는 묘

---

2   "I feel like me and Taylor might still have sex / Why I made that bitch famous"라는 가사다. 며칠 뒤인 2월 15일 그래미 어워드에서 스위프트는 올해의 앨범을 수상하고 소감을 밝히면서 웨스트의 가사를 비판하는 듯한 발언을 했다. 당시 스위프트의 대변인은 스위프트가 이 곡의 발매 전 "강한 여성 혐오적 메시지가 담긴 노래를 발표하지 말라고 경고했다"고 말했다. 스위프트는 당시 가사의 구체적인 내용은 전혀 알지 못했다.

비문이 새겨진 무덤을 바라보며 등장한다. 스위프트의 과거 모습들을 되짚는 장면에서는 2009년 VMA에서 입었던 은색 스팽글 드레스를 입은 모습도 등장한다. "옛날의 테일러는 지금 전화를 받을 수 없어. 왜냐고? 죽었거든!The old Taylor can't come to the phone right now. Why? Oh, 'cause she's dead"이라는 가사도 나온다. 과거의 자신을 죽이고 새로운 모습으로 돌아왔음을 선언한 것이다. 「Delicate」와 「New Year's Day」 같은 곡에서도 날것 그대로의 진솔한 감정을 표현해 팬들의 공감을 이끌어냈다.[3]

『레퓨테이션』은 단순한 앨범이 아니라 스위프트의 전략적 반격이었다. 이는 브랜드가 자신의 서사를 재정립하기 위해 펼친 포괄적인 캠페인이라고 할 수 있다. 스위프트는 부정적인 경험과 대중의 인식을 예술로 승화시키며 역경을 기회로 바꾸는 능력을 보여주었다. 위기를 활용해 고객과의 유대를 강화하면, 오히려 브랜드의 핵심 가치를 재확인할 수 있다. 논란이 일어난 지 4년 후인 2020년, 카다시안이 공개했던 통화 녹취록이 조작되었다는 사실이 밝혀졌다.

스위프트의 위기 관리 전략에서 가장 두드러지는 특징은 자신의 서사를 주도적으로 통제하는 능력이다. 솔직한 인터뷰, 팬들에게

3　「Delicate」는 새로운 관계의 불안정함과 취약성을 노래한다. "내 평판은 최악인데, 당신은 날 있는 그대로 좋아해야 한다(This ain't for the best my reputation's never been worse, so you must like me for me)"라는 가사가 대표적이다. 「New Year's Day」는 화려한 순간뿐 아니라 일상의 소소한 힘든 순간들을 함께 나누고 싶은 마음을 표현했다.

진심을 담아 보낸 편지, 상징적인 뮤직 비디오까지 그는 항상 자신의 이야기를 주도적으로 이끈다.4 외부에서 만들어진 부정적 내러티브나 논란을 자신의 시각에서 재해석하고 음악과 앨범을 통해 풀어내면서 스스로 이야기를 다시 쓸 수 있는 기회를 만드는 것이다. 이 과정에서 그는 피해자가 아닌 서사적 주도권을 쥔 인물로 전환된다. 자신을 둘러싼 부정적 내러티브는 새로운 예술적 작업으로 승화된다. 논란과 혼란 속에서 가장 중요한 것은 자기 목소리를 내는 것이다.

디지털 신뢰가 점점 더 중요해지면서 기업들은 정부 규제 기관, 소비자, 언론, 그리고 이해관계자들의 전례 없는 감시를 받고 있다. 디지털 세계는 방대하게 상호 연결된 그물망이다. 이런 셀럽 생태계 환경에서는 메시지나 행동 하나가 급속하게 퍼진다. 데이터 유출 사건이 발생한 기술 기업이나 통화 녹취록 공개로 타격을 입은 스위프트 보두 루머, 성급한 판단, 걷잡을 수 없는 추측에 휘말릴 수밖에 없다.

스위프트는 자신의 핵심 상품인 음악을 통해 위기에 정면으로 맞섰다. 자신의 이야기를 직접 전달하는 방식으로 평판을 회복했다.

---

4   스위프트는 『레퓨테이션』 앨범을 통해 자신을 비난하는 사람들이 사용해 온 뱀의 이미지까지 주도적으로 수용하고 재해석했다. 앨범 티저, 커버, 뮤직 비디오, 심지어 무대 디자인에서도 뱀 모티브를 적극 활용하면서, 뱀을 부정적 이미지가 아닌 강인함과 지혜의 상징으로 전환했다. 자신을 공격해 온 상징으로 스스로를 재정의한 것이다.

성공하는 브랜드는 책임을 회피하지 않고 정면 돌파하며 어려움을 극복한다. 투명한 실행 계획을 수립하고 인프라를 강화하고 고객 신뢰를 위해 최선을 다하겠다고 약속한다. 위기 대응보다는 기업의 서사를 재구성하는 일이라고 보는 것이 적절하다.

논란이나 위기를 새로운 성장을 위한 촉매제로 활용하는 혁신 방식은 스위프트와 성공한 기술 기업들이 맞닿아 있는 지점이다. 정치적 발언이나 웨스트와의 갈등으로 인한 논란은 스위프트의 본질을 규정하지 못했다. 그는 이러한 논란이 자신의 유산을 잠식하도록 두지 않았다. 오히려 논란을 성장 과정의 에피소드로 만들었다. 급한 불을 끄는 수준을 넘어 성장하고 성찰하고 혁신하는 기회를 발견하는 것이다.

스위프트는 위기를 강력한 내러티브로 변화시켜 대중의 인식을 재구성한다. 취약성과 적극성의 역동적인 조화야말로 사람들의 깊은 공감을 얻고 신뢰와 지속적인 충성도를 이끌어내는 방법이다. 스위프트는 통화 녹취록 사건 이후 1년 동안 외국에서 지내며 재정비의 시간을 가졌다. 위기 상황에서는 이렇게 한 발 떨어져 객관적으로 위기를 평가하고 전략을 세운 후 목적에 따라 행동하는 것이 도움이 된다.

여론의 복잡한 역학 관계를 정복하려면 섬세함과 용기가 필요하다. 이는 스위프트가 음악 인생 내내 일관되게 보여준 자질이다. 그는 개인의 경험과 외부의 압박을 능숙하게 음악으로 표현했다. 역경을 받아들여 부정적 상황을 자기 표현의 기회로 전환했다. 이는 기업들이 적용할 만한 위기 대응책이다. 핵심 가치를 성찰하고 의미 있는 행동으로 전환해 내러티브를 재구성하면서 이해관계자와 대중 모두 공감할 수 있는 새로운 비전을 수립하는 것이다.

스위프트의 사례에서 회복력, 적응력, 진정성의 힘을 배울 수 있다. 스위프트가 자신의 인생 경험을 바탕으로 가사를 써 내려가듯 기업도 핵심 가치를 지키면서 문제 해결 서사를 만들 수 있다. 이는 과거에 대한 인정과 미래를 위한 비전 사이에서 균형을 맞추는 일이다. 위기와 승리의 상호 작용에서 가장 핵심적인 것은 실수를 피하는 것이 아니라 실수를 전체적인 흐름에 통합해 성장과 진화의 이야기로 만드는 것이다.

✦ 홍보 천재의 리브랜딩

글로벌 슈퍼스타 테일러 스위프트의 여정은 뛰어난 음악적 재능을 가진 소녀의 성장 이야기인 동시에 홍보Public Relations5 천재의 전략에 관한 이야기이기도 하다. 기업들이 시장 분석, 소비자 행동 변화, 예측 불가능한 지정학적 세계를 기반으로 전략을 수정하듯이, 스위프트도 전 세계를 무대로 흐름을 읽어나가며 경력을 설계해 왔다.

---

5 개인, 조직, 정부, 비영리단체 등이 대중과의 관계를 관리하고, 긍정적인 이미지를 구축하며 위기 상황을 효과적으로 관리하기 위해 사용하는 전략적 커뮤니케이션이다. PR의 주요 목표는 대중의 이해와 지지를 얻는 것이며 이를 위해 다양한 채널과 기법을 활용한다. PR 활동에는 언론과의 관계 관리, 소셜 미디어 캠페인, 이벤트 기획, 위기 관리, 커뮤니티 참여 등이 있다.

지금은 개인 브랜딩personal branding6이 재능만큼 중요하다. 스위프트는 이 두 가지를 완벽하게 융합한다. 그의 소셜 미디어는 문화적 담론이 이루어지는 공개 일기장과 같다. 많은 이들이 소셜 미디어를 단순한 홍보 도구로 여기지만, 스위프트는 친밀한 개인적 이야기와 광범위한 사회적 메시지를 균형 있게 전달하고 있다. 그의 온라인 페르소나와 실제 모습 간의 공명은 대형 브랜드조차 달성하기 어려운 것이다. 스위프트는 디지털 세계를 똑똑하게 활용하면서 거대 스트리밍 플랫폼을 상대로 투쟁을 벌이고, 예상치 못한 TV 출연으로 놀라움을 주는 등 다양한 플랫폼을 넘나들며 자신의 브랜드와 전 세계 팬덤의 역동적 흐름에 민첩하게 반응하고 있다.

스위프트의 급부상은 끊임없이 진화하는 엔터테인먼트 산업의 흐름을 읽고 진정성과 적응력을 결합한 결과다. 컨트리에서 팝으로 전환한 기념비적인 음반인 『1989』 앨범은 각 앨범 트랙과 가사, 영상으로 설계된, 특정 팬층을 공략하면서도 브랜드 전체 서사를 강화하는 캠페인이었다. 스위프트는 장르 전환이라는 복잡한 과정을 능숙하게 관리하며 위험을 신중하게 감수하는 모습을 보였다. 팝 시장은 광범위하고 예측할 수 없는 시장으로, 많은 재능 있는 아티스

---

6   퍼스널 브랜딩은 개인이 자신의 이미지를 전략적으로 개발하고 관리하여 특정 분야에서 자신을 차별화하고 가치를 전달하는 과정이다. 자신의 강점, 가치, 비전 등을 대중에게 효과적으로 전달함으로써 신뢰성과 영향력을 증대시키는 것을 목표로 한다. 긴밀하게 연관된 개념으로, 퍼스널 아이덴티티(PI, Personal Identity)가 있다. PI는 고유한 성격, 가치관, 경험 등을 반영하는 정체성을 의미한다. 자신을 어떻게 정의하고 어떻게 대중에게 보여주고 싶은지를 결정한다.

트들조차 고전한다. 스위프트는 철저한 계획하에 장르 전환을 준비
했다. 앞선 앨범부터 팝의 요소를 조금씩 가미하며 수년 동안 대중
의 반응을 확인했다. 파일럿이나 베타 버전을 내놓고 고객의 피드백
을 기반으로 제품을 개선한 뒤 최종적으로 좋은 제품을 공개해 좋은
평가를 받는 것과 같은 방식이라고 할 수 있다.

『1989』앨범의 홍보는 깜짝 앨범 출시부터 팬 이벤트에 이르
기까지 선도적인 기술 기업들이 활용하는 혁신적인 마케팅 전략과
비슷했다. 그가 발매하는 모든 싱글 앨범은 음악과 스토리텔링, 인
상적인 경험이 어우러진 이벤트로 소비됐다. 신스팝 리듬이 특징인
「Style」부터 힘찬 코러스가 돋보이는 「Shake It Off」 등으로 스위프
트는 적응력과 창의력을 보여줬다. 이 앨범은 리브랜딩rebranding[7]의
좋은 예다. 음악 장르를 무리 없이 전환한 것처럼 보이지만, 수년간
의 실험과 전략 검토로 가능했던 확장이다. 동시에 이야기를 중심에
두는 사신의 핵심 가치도 잃지 않았다.

✦ 일관성과 진정성
스위프트 홍보 전략의 핵심은 일관성과 진정성이다. 스위프트

---

7   리브랜딩은 기업, 제품, 서비스 또는 개인이 기존의 브랜드 이미지, 로고, 메시지,
또는 마케팅 전략 등을 새롭게 다시 정의하고 재구성하는 과정을 말한다. 이는 브
랜드의 시장 경쟁력을 강화하거나, 변화하는 소비자 기대에 부응하기 위해 이루
어지며 기존의 부정적 인식을 개선하거나 새로운 시장으로 확장하는 데 도움이
된다.

는 모든 재창조 과정에서 일관된 내러티브를 유지해 왔다. 팬들은 그의 사생활, 정서, 승리, 아픔을 경험하며 함께 성장한다. 이 과정에서 형성된 유대는 단순한 팬덤을 넘어 깊은 동질감으로 이어진다. 깊고 개인적인 관계는 모든 브랜드가 꿈꾸는 목표다.

이러한 비즈니스 패러다임을 잘 구현한 기업은 애플이다. 애플은 태생 자체가 일반적인 전자 기기를 만드는 회사가 아니라 '경험을 창조'하는 회사였다. iPhone, iPad, MacBook은 단순한 기기가 아닌 일종의 선언이었다. 제품이 출시될 때마다 전 세계는 숨 죽여 기다렸다. 단지 새로운 기술에 대한 기대 때문만은 아니었다. 사람들은 혁신, 우아함, 사용자 중심 디자인에 대한 애플의 이야기에 공감하고 몰입했다. 애플은 항상 사용자의 삶에 자연스럽게 융화되는 제품을 만들겠다는 목표가 있었다. '띵크 디퍼런트Think Different' 캠페인으로 중요한 것은 제품이 아니라 정신이라는 메시지를 전달했던 것이 대표적인 예다.

나이키의 '저스트 두 잇Just Do It' 캠페인 역시 단순한 슬로건이 아니라, 행동을 독려하는 외침이자 정신이다. 수십 년에 걸쳐 나이키는 자사 브랜드를 신발과 운동복 회사 그 이상의 상징으로 격상시켰다. 스위프트가 음악을 통해 팬들과 개인적이고 정서적인 유대를 형성한 것처럼, 나이키는 스토리텔링과 영감을 주는 내러티브로 고객과의 연결 고리를 만들어왔다. 나이키의 캠페인은 승리, 결의, 역경 극복의 이야기를 통해 자사 제품을 흔한 운동화가 아닌 꿈과 열망의 상징으로 만들었다.

제품의 품질만으로 얻은 결과가 아니다. 성공 여부는 감정과 유대감을 형성하는 능력에 달려 있다. 이 브랜드들은 소비자에게 선택받는 것이 아니라 그들이 아끼고 사랑하는 브랜드가 되는 것이 중요하다는 사실을 잘 알고 있다. 이들은 고객을 확보하는 것을 넘어서 브랜드의 서사에 깊이 몰입하는 열렬한 추종자들을 만들어낸다.

스위프트의 앨범은 단순한 노래 모음집이 아니라 인생의 특정한 챕터다. 스위프트는 팬들이 그의 인생에서 펼쳐지는 특정 장면의 일부가 되었다고 느낄 수 있도록 홍보 전략을 설계한다. 수많은 소비자가 있더라도 각 개인이 1대 1의 관계처럼 유대감을 느낄 수 있어야 한다.

스위프트가 2008년부터 2013년 사이 여러 유명 인사들과 연애한 경험은 수많은 히트곡의 영감이 되었다. 제이크 질렌할Jake Gyllenhaal, 해리 스타일스Harry Styles와의 연애 이후, 미디어는 스위프트의 연애사를 집중 조명하기 시작했는데, 가십의 소재로 삼거나 조롱하기도 했다. 스위프트는 히트곡이 된 「Blank Space」로 대응했다. 이 곡에서 스위프트는 미디어가 그의 연애사를 과장하고 왜곡하는 방식을 유머와 풍자로 풀어내며, 자신의 이야기를 주도적으로 재설계했다. 타블로이드 가십은 스위프트가 스스로의 힘을 강화하는 맥락으로 활용됐다.

「Blank Space」는 큰 인기를 끌며 빌보드 싱글 차트 7주 연속 1위에 올랐다. 대중과 팬들은 스위프트의 이러한 대응 방식을 긍정적으로 받아들였다. 이 곡의 뮤직 비디오에서 스위프트는 의도적으로 과장된 '연애 중독자' 이미지를 연기하며 미디어의 고정 관념을 풍자해 화제를 모았다. 스위프트는 이번에도 능숙하게 미디어와 대중의 시선을 주도하면서 자신을 둘러싼 논란을 재구성했다.

스위프트의 위기 관리 전략은 깜짝 앨범 발매, 친밀한 만남, 소셜 미디어를 통한 직접적인 소통 등으로 팬들과 지속적인 유대감을 형성해 왔기 때문에 가능한 전략이었다. 그의 놀라운 적응력 역시 팬덤이라는 기반을 바탕으로 성장했다. 디지털 혁신과 소비 패턴 변화, 대중의 취향 변화에 맞춰 컨트리 음악에서 팝으로 전환하고 인디 포크 장르에 도전할 수 있었던 것은 그의 이야기에 공명해 온 팬들이 있었기 때문이다. 처음에는 망설였던 스트리밍 플랫폼을 수용하는 입장 변화도 그의 진정성을 의심하지 않는 팬덤과 함께 일어난 일이다. 스위프트의 여정에서 탁월한 홍보 전략과 산업 변화에 대한 통찰, 전략적 변화 수용뿐 아니라 소비자와의 유대 관계 구축, 진정성 있는 소통의 길을 읽는다.

역자 노트 : 1달러 소송

스위프트는 2013년 성추행 피해를 겪고 법적 대응에 나섰다. 그해 덴버에서 열린 콘서트 백스테이지에서 팬들과 사진을 찍던 중, 라디오 DJ 데이비드 뮬러David Mueller가 스위프트를 성추행한 사건이었다. 스위프트는 즉각 보안팀에 뮬러가 치마 속에 손을 넣었다고 알렸고, 뮬러는 해고되었다. 그러나 2015년 뮬러는 스위프트의 허위 주장으로 해고당했다며 300만 달러의 손해 배상 소송을 제기했다. 스위프트는 이에 맞서 1달러의 배상금을 청구하는 맞소송을 제기했다. 2017년 법정에서 스위프트는 뮬러의 성추행 사실을 명확히 증언했고, 배심원은 스위프트의 손을 들어주었다.

사건을 다루는 과정은 효과적인 위기 관리 대응의 교본과도 같았다. 첫째, 상징적 의미를 탁월하게 부여했다. 배상금을 단 '1달러'로 설정함으로써, 금전적 이득이 아닌 원칙을 지키는 문제임을 강조했고, 이를 통해 성폭력 피해자들이 목소리를 낼 수 있다는 메시지를 강력하게 전달했다.

둘째, 대응 시점이 적절했다. 2013년 사건 발생 당시에는 즉각적인 법적 대응을 자제했던 스위프트가 2015년에 상대방의 소송에 대한 맞소송을 제기한 것은 사회적 맥락을 효과적으로 활용한 결과로 이어졌다. 특히 2017년 #MeToo 운동이 활발해지던 시기에 재판이 진행되면서 사건은 더 큰 주목을 받았다.

셋째, 사회적 메시지를 효과적으로 전달했다. 스위프트는 개인적 용기를 넘어서 성폭력 문제를 공론화하며, 정의를 추구하는 아티스트로서의 이미지를 확고히 했다. 승소 후에는 "이 판결이 성희롱 피해를 입은 사람들에게 그들이 목소리를 낼 수 있다는 신호가 되기를 바란다"는 성명을 발표했다.

넷째, 이 사건을 공개적으로 다루며 팬들과의 유대감을 강화했다. 팬들은 스위프트의 1달러 소송을 순수한 의도로 받아들였고, 그의 용감한 대응을 진심으로 지지했다. 여성 팬들에게는 사회적 압력에 맞서 자신의 권리를 주장하는 용기와 리더십을 보여주는 롤 모델의 역할을 했다.

다섯째, 미디어 효과를 극대화했다. 맞소송 제기 후에도 스위프트는 웨스트와의 논란 등 여러 이슈에 직면했지만, 2016년 그래미 어워드에서 올해의 앨범상을 비롯해 베스트 팝 보컬 앨범상, 베스트 뮤직 비디오상까지 3관왕을 달성하며 대중의 관심을 긍정적으로 전환했다. 그래미에서 올해의 앨범상을 두 번 수상한 최초의 여성 가수라는 타이틀을 얻는 순간, 스위프트는 수상 소감을 통해 자신의 메시지를 분명히 전달했다. "모든 젊은 여성들에게 말하고 싶습니다. 여러분이 성공을 이루었을 때, 그 성취를 깎아내리려는 사람들이 있을 것입니다. 혹은 그 성공을 그들의 공으로 돌리려는 사람들이 있을지도 모릅니다. 하지만 그 성공은 여러분의 것이고, 여러분의 노력 덕분에 이뤄진 것입니다."

스위프트는 2017년 시사 매거진 『타임Time』의 '침묵을 깨는 사람들The Silence Breakers'에 선정되며, 유명 팝스타를 넘어 사회적 이슈를 주도하는 영향력 있는 인물로 자리매김했다. '침묵을 깨는 사람들'은 성폭력 피해를 공개적으로 제기하고 #MeToo 운동에 목소리를 낸 사람들을 기리기 위해 『타임』이 선정한 '올해의 인물'이었다. 스위프트는 성추행 피해를 공개하고 법정에서 용기 있게 진술해 타임의 표지를 장식했다.

"의심하고 반대하는 이들 앞에서
내 생각을 관철시키는 것은
내 경력 전반에 걸친 대처 방식이다."

- 2023년 7월 『스피크 나우(테일러 버전)』를 출시하면서

10

재창조의 연속 :
옛 스위프트는 죽었다

작은 마을 소녀의 꿈은 이제 글로벌 문화 현상으로 변모했다. 스위프트는 내슈빌의 컨트리 음악으로 시작해 세계적인 팝 스타로 성장했다. 작은 지역 상점이 글로벌 기업으로 발전하는 과정에 비교할 만하다. 기업들이 시장의 요구에 맞춰 가치 제안을 수정하듯이, 스위프트는 세상의 변화를 수용하며 끊임없이 스스로를 진화시켜 왔다.

2006년 데뷔 후 스위프트는 컨트리, 팝, 록, 일렉트로닉, R&B, 인디 포크 등 다양한 장르를 넘나들었다. 완전히 팝 음악으로 전환한 앨범 『1989』은 발매 즉시 전 세계적으로 엄청난 반향을 일으키며, 스위프트가 글로벌 팝 스타로 도약하는 전환점이 되었다.[1] 재창조는 스위프트의 생존과 성장에 있어 핵심적인 전략이었다.

다국적 기업들이 글로벌 소비자들에게 소구할 수 있는 제품을 출시하는 것처럼, 스위프트는 도쿄에 사는 10대나 밀라노에 사는 밀레니얼 세대 모두가 공명할 수 있는 음악을 만든다. 그의 장르 유연성은 다국적 기업의 시장 적응력과 같은 맥락에 있다. 시장 흐름을 읽는 통찰력과 동시대성을 유지하는 집중력이 있어야 가능한 일이다.

✦ 생존을 위한 재창조

정체는 곧 죽음을 의미한다. 변화가 빠른 엔터테인먼트 산업에서는 더 그렇다. 스위프트의 진화는 우연이 아니다. 동시대성에도 유효 기간이 있다는 것을 인식한 결과다. 오늘 감동을 주었던 곡이 내일이면 시대에 뒤떨어질 수 있다는 진실 말이다. 따라서 재창조의 연속은 일반적인 비즈니스 전략이 아니라 생존 전략이다.

스위프트는 앨범마다 새로운 변화를 선보였다. 데뷔 초기에는 컨트리 음악을 중심으로 활동했지만, 4집 『레드』를 기점으로 록과 일렉트로닉 사운드를 실험하며 팝으로 확장했다. 80년대 신스팝 사운드를 도입한 5집 『1989』은 그를 완벽한 팝 스타로 변신시

---

1   2014년 10월 27일 발매된 이 앨범은 발매 직후 미국, 영국, 캐나다, 호주, 일본 등 전 세계 주요 차트 1위에 올랐고, 그해 그래미 올해의 앨범상을 수상했다. 2015년 월드 투어도 대성공을 거두며 글로벌 인지도를 크게 높였다. 1000만 장 이상의 판매고를 기록하고 있다.

켜 주었다. 당시 음악 시장은 팝 중심으로 변화하고 있었다. 주류는 EDM^{Electronic Dance Music}과 일렉트로닉 팝이었다. 스위프트는 음악 시장의 흐름과 대중의 취향을 읽고 전략적으로 팝 장르를 선택한다.

스위프트가 보여준 극적인 재창조 중 하나는 6집 『레퓨테이션』이다. 팝 스타로의 변신 이후에도 밝고 사랑스러운 소녀의 이미지를 갖고 있었던 그가 어둡고 강렬한 일렉트로닉 사운드의 다크 팝으로 복귀한 것은 놀라운 변신이었다. 당시 스위프트는 웨스트와의 갈등과 논란으로 소셜 미디어에서 '거짓말쟁이'로 몰렸다. '테일러 스위프트가 끝장난 것을 축하하는 파티(#TaylorSwiftIsOverParty)' 해시태그와 뱀 이모티콘이 유행할 정도로 폭력적인 수준의 조롱을 받고 있었다. 그런 상황에서 스위프트는 "옛날의 테일러는 죽었다"고 선언하며 『레퓨테이션』을 내놨다. 뮤직 비디오에는 자신의 과거 이미지를 깨부수는 장면을 넣기도 하고, 뱀 이미지를 적극 활용하여 강력하고 독립적인 이미지를 재정립했다. 그는 앨범 발매 전 모든 소셜 미디어 계정을 초기화하는 극단적 방식으로 복귀를 준비했다.

2022년 발매한 10집 『미드나이츠』는 신디 팝과 일렉트로닉 팝의 영향을 받은 음반으로, 이전보다 성숙해진 팝 음악을 선보인다. 이 앨범은 빌보드 싱글 차트 1~10위를 모두 석권하는 대기록을 세웠다. '차트 줄 세우기'는 빌보드 64년 역사상 처음 있는 일이었다. 발매 첫날 스포티파이에서 1억 8549만 회 스트리밍을 기록하며 전 세계 최다 스트리밍 기록을 세웠고, 첫 주에 10억 스트리밍을 돌파했다. 종전 기록 역시 스위프트의 『레퓨테이션』이었다. 『미드나이츠』는 발매 사흘 만에 120만 장 넘게 팔렸다. 미국에서 발매 일주일 내 100만 장 이상 판매고를 기록한 사례는 5년 만이었다.

이 모든 신기록은 11집 『더 토처드 포잇츠 디파트먼트The Tortured Poets Department』가 갈아치웠다. 11집은 앨범명처럼 '고통받은 시인'의 관점에서 노랫말을 쓴 작품이다. 인디 포크, 팝, 신스팝 등 다양한 장르를 결합한 음악에 깊이 있게 내면을 탐구하는 가사를 담았다. 무려 31곡을 실었는데, 싱글 음반의 시대에 꾸준히 수십 곡이 담긴 앨범을 발매해 온 스위프트로서도 처음 시도하는 규모였다. 11집은 기존의 수록곡 기록을 스스로 경신하며 끊임없이 진화하는 '스위프트의 지금'을 상징한다.

스위프트는 어떻게 이러한 섬세한 균형을 바탕으로 성장할 수 있었을까? 해답은 재창조를 위한 세 가지 기둥, 대중에 대한 깊은 이해, 실험 정신, 유연한 브랜딩에서 찾을 수 있다.

대중에 대한 이해 : 대중의 정서를 읽는 능력이 뛰어나다. 팬들의 감성과 집단 의식을 깊이 파악하여 그들이 공감할 수 있는 음악을 만든다. 자신의 개인적인 이야기를 담은 노래를 통해 전 세계 팬들이 각자의 경험과 감정을 투영할 수 있는 공간을 제공한다. 스위프트가 발표하는 곡들은 매우 개인적이지만, 대중은 그 속에서 자신들의 이야기를 발견하고 공감한다.

실험 정신 : 새로운 음악적 시도를 두려워하지 않는다. 다양한

장르와 음악 스타일을 넘나들며 스스로를 재창조한다. 컨트리풍의 첫 앨범 『테일러 스위프트』에서 신스팝의 대표작인 『1989』, 그리고 성찰적인 앨범 『에버모어』에 이르기까지 다양한 장르를 실험하며 디스코그래피를 확장해 왔다.

유연한 브랜딩 : 스위프트 브랜드는 매우 유연하다. 그는 가수뿐 아니라 활동가, 패션 아이콘, 배우 등 여러 역할을 소화하며 브랜드를 다각화해 왔다. 이 모든 역할에서 그는 '스위프트다움'이라는 고유한 본질을 유지했다. 브랜드의 정체성을 잃지 않으면서도 동시대성을 유지하는 유연한 브랜드 전략이 스위프트가 반복해 온 재창조의 핵심이다.

스위프트의 동시대적 재창조는 트렌드에 따른 적응이 아니라 외부 환경에 대한 주도적이고 능동적인 반응이라는 점에 주목할 필요가 있다. 스위프트는 신인 아티스트들과의 경쟁, 대중의 빠르게 변하는 음악적 취향, 예측 불가능한 음악 산업의 환경에 대응하는 과정에서, 변화를 능동적으로 수용한다. 새로운 경쟁자, 기술 발전, 고객의 취향 변화에 맞서는 기업들이 참고할 수 있는 지점이다.

재창조는 일회성 행위가 아니라, '연속되는 과정'이다. 시장 변화에 맞춰 혁신을 계속해야 성장할 수 있는 기업들처럼 스위프트는 자기 발견과 예술적 성장을 멈추지 않는다. 스위프트가 다양한 실험과 위험 감수, 그리고 끊임없는 혁신이 교차하는 복잡한 경로를 걸는 이유다.

스위프트의 재창조 서사에 숨은 진리가 하나 더 있다. 바로 진정한 유대의 힘이다. 스위프트는 팬들과의 깊은 유대를 나침반으로 삼아 새로운 방향을 설정한다. 그는 다양한 영향을 종합해 흐름을 예측하며 앨범과 노래에 반영한다. 소비자 인사이트2와 미래 예측 능력을 결합해 자신의 길을 개척해야 하는 기업과 같은 행보다.

스위프트와 팬들의 강력한 공명은 우연이 아니다. 의도적으로 치열하게 만들어온 결과다. 스위프트가 성공적인 재창조를 반복할 수 있었던 것은 팬들과의 깊은 유대를 기반으로 했기 때문이다. 그가 쓴 가사와 곡은 항상 팬들을 자신의 이야기 세계로 초대하는 진정성 있는 의도로 가득 차 있었다.

그렇기 때문에 팬들은 스위프트가 재창조를 시도할 때마다 받아들이고 지지할 수 있었다. 팬들은 특정 장르나 음악 스타일에 끌리는 것이 아니라 스위프트가 전달하는 진정한 내러티브에 매료되어 그를 따른다. 중요한 것은 무엇을 제공하느냐가 아니라 왜, 어떻게 제공하느냐를 설명하는 것이다. 의미를 전달할 때, 공감 받을 수 있다.

---

2   소비자 행동, 욕구 및 동기를 이해하기 위해 수집되는 정보로 기업이 고객의 필요
와 기대를 정확히 파악하는 데 중요한 역할을 한다.

✦ 혁신의 알고리즘

스위프트의 디스코그래피는 기업으로 보면 포트폴리오다. 그의 각 앨범은 소비자의 취향 변화를 반영한 신제품이라고 할 수 있다. 2집 『피어리스』는 로맨틱한 컨트리 발라드를 부르던 신인 시절의 스위프트를 대표하는 히트작으로, 2010년 그래미 어워드에서 올해의 앨범상을 수상했다. 그래미 역사상 최연소 수상이었다. 창업 초기 주력 제품은 정체성을 정의하곤 한다. 그러나 스위프트는 『레드』와 『1989』를 통해 팝 음악으로 전환했다. 스위프트의 장르 전환은 복잡한 대중의 요구와 시장 동향, 그리고 업계 변화에 민감하게 대응하는 과정에서 이뤄낸 혁신이다.

혁신은 새로운 제품이 아니라 소비자들이 원하는 본질을 포착하는 경험과 내러티브를 창조하는 일이다. 애플의 아이폰은 단순히 걸고 받기만 하는 전화기가 아니라 모바일 인터넷을 구현한 혁신적 컴퓨터였다. 사람들은 언제 어디서나 이메일을 확인하고 소셜 미디어로 실시간 소통하며 영상 통화를 통해 직접 얼굴을 보며 대화할 수 있게 되었다. 다양한 앱을 통해 정보 검색, 온라인 쇼핑, 금융 거래 등도 할 수 있었다. 인간과 기술이 상호 작용하는 방식을 바꾼 혁신이었다. 우버 역시 이동 서비스를 제공한 것이 아니라, 도시의 모빌리티를 변화시켰다. 실시간으로 차량을 호출하여 사용자와 운전자를 연결하고, 위치 기반 서비스를 통해 최적의 경로를 제시하여 이동 시간을 단축하고 비용을 절감했다. 도시 교통 혼잡을 줄이고 환경에 미치는 영향을 최소화는 데에도 기여했다. 이러한 변화는 기술 혁신을 넘어, 사람들의 일상적인 삶의 방식을 바꾸고 도시 환경과 상호 작용 방식을 재정의한다.

제품을 넘어 소비자의 삶을 바꾼다는 점에서, 진정한 혁신은 시대를 앞서 가는 일이기도 하다. 스위프트는 대중의 보편적 정서가 형성되기 전에 이를 미리 감지하고, 그에 맞춘 노래 가사와 음악을 통해 공감할 수 있는 주제를 선제적으로 전달했다. 2022년 발매된 『포크로어』와 자매 앨범 『에버모어』는 시대적 흐름을 감지하고 대중과 연결한 대표적 사례다. 스위프트는 코로나 시기에 외로움과 사색의 시간을 경험한 사람들의 심리를 포착했다. 그리고 예정되어 있었던 7집 『러버Lover』 월드 투어를 취소한 후, 두 앨범을 깜짝 발표했다. 내향적이고 성찰적인 메시지를 전달한 서정적인 앨범들은 사회적 고립감을 느끼던 대중에 큰 공명을 일으켰다.

혁신은 위험을 동반한다. 『1989』이 큰 성공을 거두었지만, 모든 앨범이 동일한 반응을 얻을 수는 없다. 기업들도 지속적인 혁신을 위해서는 실패를 두려워하지 않고, 창의적인 아이디어를 키울 수 있는 생태계를 만들어야 한다. 팀 구성의 다양성, 비전통적 해결책 수용, 또는 다른 산업 분야로부터 얻은 인사이트로 가능한 일이다. 스위프트는 다양한 아티스트, 프로듀서와 협업하면서 서로 다른 시각과 아이디어를 결합하는 방식으로 혁신 생태계를 구축했다. 스위프트는 애런 데스너Aaron Dessner, 잭 안토노프Jack Antonoff와 같은 프로듀서들과 협업해 여러 독창적인 앨범을 창작했다. 애런 데스너는 『포크로어』와 『에버모어』에 서정적인 인디 포크 스타일을 더했고,

잭 안토노프는 『1989』, 『러버』, 『레퓨테이션』, 『미드나이츠』 등에서 신스팝과 팝 록 장르를 현대적으로 재해석하는 데 기여했다. 넷플릭스 다큐멘터리 「미스 아메리카나」에는 스위프트와 안토노프가 『레퓨테이션』의 수록곡 「Getaway Car」를 창작하면서 아이디어를 나누는 장면이 나온다. 안토노프가 키보드로 연주를 시작하고, 스위프트는 곡의 사운드를 만들어간다.

스위프트의 혁신은 팬과의 소통 방식에서도 찾아볼 수 있다. 과거의 아티스트들은 팬들과 거리를 두고 신비로운 이미지를 유지하곤 했다. 그러나 스위프트는 처음부터 이 방식을 버리고 팬들과 직접 소통했다. 소셜 미디어에서 팬들과 대화를 나누는 것은 물론, 앨범 발매 전 시크릿 세션을 열고 자신의 집에 팬들을 초대해 신곡을 함께 듣는다. 그는 깜짝 앨범 발매와 뮤직 비디오에 숨겨 놓은 작은 힌트들을 통해 팬들의 관심과 참여를 지속적으로 이끌어내는 독창적인 홍보 전략을 사용했다. 팬들의 호기심과 참여를 자극하며, 몰입감을 주는 전략이었다.

스위프트의 혁신적인 도전 중 하나는 자신의 앨범을 재녹음해서 서사의 주도권을 되찾아온 일이다. 이는 기업이 오래된 제품 라인을 새롭게 디자인하거나 브랜드 이미지를 새롭게 수립해 활력을 불어넣는 것과 비슷하다. 재녹음 프로젝트는 과감한 결정이었고 성공을 보장할 수 없었다. 그러나 스위프트가 결정을 내릴 수 있었던 이유는, 깊은 유대 관계를 맺고 있는 팬들이 있었기 때문이다.

팬들은 스위프트의 재녹음 결정을 강력히 지지하며, 이를 그가 자신의 권리를 되찾아오는 과정이자, 팬들과 함께 새로운 이야기를 써내려가는 여정으로 해석했다. 그 결과, 첫번째 재녹음 앨범 『피어리스(테일러 버전)』가 빌보드 앨범 차트 1위에 오르는 성과를 거뒀다. 이후 발매된 『레드』, 『스피크 나우』 역시 차트 1위를 기록하며 재녹음 프로젝트는 크게 성공했다. 이는 스위프트의 과거 음악을 새로운 세대에게 다시 알리는 계기가 되었고, 팬들과 깊은 연결을 더욱 강화하는 기회로 작용했다.[3]

스위프트 음악 인생의 핵심은 거듭되는 혁신이다. 그는 지속적으로 자신을 재창조함으로써 대중과 깊은 연결을 유지한다. 혁신은 한 분야에만 국한되지 않고 음악 스타일의 변화, 디지털 플랫폼 수용, 팬들과의 유대 관계 등 다방면에서 진화했다. 이 과정에서 스위프트는 진정성과 일관성을 잃지 않으면서도 새로운 도전을 주저하지 않았다. 진정한 성공은 끊임없는 혁신과 시대를 초월하는 유산을 창조하는 데 있기 때문이다.

---

3   8장 지적 재산권 부분에서 자세히 다루고 있다.

역자 노트 : 재창조 메커니즘의 시작

『피어리스』의 큰 성공 이후 대중과 언론은 스위프트의 가창력과 작곡 실력을 의심했다. 이에 맞서 스위프트는 '나홀로 전곡 창작'이라는 반항적 선택을 했다. 그리고 이 선택은 그의 음악 여정에서 '재창조 메커니즘'의 출발점이 되었다. 2023년 7월 『스피크 나우』의 재녹음 음반을 출시하면서, 스위프트는 그 시기를 다음과 같이 회고했다.

"나는 더 나아지고 싶었고, 나 자신에게 도전하며 작가, 아티스트, 공연가로서 내 능력을 키우고 싶었다. 그저 내 분야에서 주어지는 존경과 인정이 아니라 나 스스로 쟁취하고 싶었다. 악마들과 맞서 싸우기 위해 나는 대대적인 보컬 트레이닝을 받았고 이 앨범을 완전히 다르게 정의할 결정을 내렸다. 이 앨범을 온전히 혼자 쓰겠다고. 공동 작곡가가 없으면 그들에게 공을 돌릴 수 없을 거라고 생각했다. (중략)

나는 이 고통이 나를 얼마나 변화시킬지 전혀 예상하지 못했다. 하지만 바로 이 때가 역경에 맞서며 반항적으로 창의적 결정을 내리는 과정의 시작이었던 것이다. 의심하고 반대하는 이들 앞에서 내 생각을 관철시키는 것은 그때부터 내 경력 전반에 걸친 대처 방식이 되었다. 내가 부서지는 순간마다 나만의 방식으로 저항하며 다시 일어서는 이 패턴이 바로 내가 이 앨범을 재녹음하고 당신이 지금 이 글을 읽고 있는 이유이다."

스위프트는 2010년, 『스피크 나우』의 모든 곡을 직접 작사, 작곡하며 창작 능력을 입증했다. 대중 음악 전문 매체 『롤링 스톤 Rolling Stone』은 "스위프트가 자신만의 목소리와 스타일을 확립했다"고 평가했다. 그는 좌절과 역경, 논란의 순간에 굴복하지 않고 '새로운 음악'이라는 창조적 선택을 지속한다.

다큐멘터리 「미스 아메리카나」는 앨범 『레퓨테이션』 발매와 함께, 스위프트의 이미지 재창조를 돕는 강력한 홍보 전략이었다. 다큐멘터리는 대중과 언론의 비판을 극복하고 자신을 다시 세우는 모습을 담고 있다. 팬들의 공감을 얻은 주요 장면 중 하나는 스위프트가 정치적 목소리를 내기로 결심한 순간이다. 공화당 소속으로 테네시주 상원의원인 마샤 블랙번 Marsha Blackburn을 비판하는 게시물을 올리려 할 때, 스위프트는 팀과 아버지의 반대에 부딪힌다. 그럼에도 그는 자신의 입장을 밝히기로 결심한다. 이 장면은 그의 용기와 소신을 보여주었다. 스위프트가 외모에 대한 불안과 섭식 장애를 솔직하게 고백하는 장면은 인간적 고뇌와 진정성을 부각시키며 팬들의 깊은 공감을 얻었다.

「The Man」과 「Lover」를 창작하는 장면에서는 스위프트의 창의적이고 진지한 면모가 강조되었다. 「The Man」에서 스위프트는 성차별과 이중 잣대에 대한 생각을 담은 가사를 썼다. 사회 문제에 대한 진정성 있는 접근을 보여준 곡이라는 평가를 받았다.

스위프트는 이 다큐멘터리에서 여성 아티스트로서의 압박을 고백한다. "내가 아는 여성 가수들은 남자들보다 20번 이상은 변화

해야 합니다. 어쩔 수 없어요. 아니면 잊히거든요. 끊임없이 재창조
해야 하고, 사람들이 관심 가질 만한 반짝임을 유지해야 합니다. 새
로워져라, 어려져라. 하지만 우리가 원하는 방식으로 변화해라. 그
리고 자신을 재창조해라. 그런데 우리가 보기에는 편하지만 당신이
하긴 어려운 것으로." 이 발언은 여성 아티스트들이 대중문화 속에
서 어떻게 소비되는지에 대한 성찰을 담고 있으며, 이를 뛰어넘기
위한 스위프트의 끊임없는 노력과 팬들의 지지를 상징한다.

"스위프트는 음악 산업 그 자체다"

- 2014년 11월 23일 『블룸버그 비즈니스위크』 표지 제목

11
글로벌 전략 :
나의 이야기를
모두의 이야기로 만들다

도쿄의 좁은 골목이나 뭄바이의 시장, 요하네스버그의 활기찬 동네까지 전 세계에서 스위프트의 노래가 흘러나온다. 스위프트의 음악은 서울에서의 춤, 로마에서의 실연, 나이로비의 축제 같은 세계 각국의 중요한 순간에 배경 음악이 되어 우리와 함께한다. 개인적 경험에서 출발한 공감은 언어와 문화의 장벽을 초월해 전 세계 사람들의 마음속에 깊이 자리 잡았다.

스위프트의 음악은 서로 다른 배경과 문화를 초월해 사람들을 하나로 연결시키는 힘을 지니고 있다. 그의 노래는 각 지역의 정서를 반영하면서도 보편적인 감정을 통해 세계 각지의 사람들에게 공감을 불러일으킨다. 생생한 이야기와 진솔한 감정이 담긴 가사를 통해 팬들과 깊은 유대를 형성하며, 전 세계에서 함께 공감하고 소통하는 경험을 만들어냈다. 그의 음악은 공통된 정서를 표현하는 글로벌 언어가 되었다.

✦ 보편성과 글로벌 팬덤의 힘

『1989』, 『레퓨테이션』, 『러버』 등의 앨범들은 많은 국가에서 상위권 차트에 오르며 스위프트의 음악이 특정 국가나 문화에 국한되지 않고 보편적인 감정과 이야기를 담고 있음을 증명했다. 스위프트의 곡은 지극히 개인적인 경험이지만, 사랑, 이별, 성장, 성찰, 회복 등 보편적 주제를 다뤄 다양한 배경을 가진 사람들도 쉽게 공감할 수 있는 메시지를 전달한다.

스위프트의 『레드』 앨범은 팝 장르를 표방하지만 음악적 뿌리인 컨트리와 실험적인 인디 사운드를 동시에 담고 있다. 다양한 음악적 요소를 반영한 『레드』는 미국에서 큰 반향을 일으켰고, 전 세계적으로 사랑받는 앨범이 되었다. 이는 다양한 소비자의 호응을 이끌어내는 제품과 같은 보편성을 갖추고 있기 때문이었다.

세계 시장에 진출하는 것은 문화적 배경이 다른 여러 국가에서 동시에 호소력 있는 예술 작품을 창조하는 일이다. 오스트리아 빈의 오페라하우스와 로스앤젤레스의 콘서트장에서 보는 관객의 마음을 사로잡는 공연을 해내는 것이다. 이를 위해서는 다양한 음악 팬들의 고유한 취향을 예리하게 포착하고, 보편적인 매력과 지역적 특색을 적절하게 조화시키는 능력이 필요하다. 스위프트는 자신의 정체성은 지키면서 문화적 다양성을 존중하고 포용하는 접근 방식을 통해 팬들과 깊은 유대감을 형성하고 있다.

2020년 발매한 『포크로어』와 『에버모어』는 인디 포크 사운드를 채택하면서 더 깊은 내러티브와 감정적 깊이를 추구했다. 전 세계가 팬데믹으로 인해 고립과 불안감을 느끼던 시기에 글로벌 팬들과의 감정적 유대를 더욱 강화할 수 있는 작품이었다. 『포크로어』는 발매 직후 미국, 영국, 호주, 캐나다 등 여러 주요 국가에서 1위를 기록하며 첫 주에만 200만 장이 팔렸다. 스포티파이에서 발매 후 24시간 동안 가장 많이 스트리밍된 여성 아티스트의 음반으로 기네스 세계 기록에 등재되기도 했다.

전달 방식도 중요하다. 스위프트는 음악을 포장하는 방식, 즉 앨범 커버와 뮤직 비디오 등 시각적 요소를 활용한다. 특히 뮤직 비디오는 노래에 따라오는 시각적 보조 수단이 아니라 영화 같은 경험을 선사하는 독립적인 예술이다. 세계 각국의 다양한 장소들을 배경으로 삼은 뮤직 비디오에는 다양한 인종과 문화적 배경을 가진 인물들이 출연한다. 콘서트 영화 뿐 아니라, 스위프트가 만드는 영상들은 문화적으로 독특한 요소를 보편적인 주제와 엮는다.

스위프트의 글로벌 전략에서 팬 소통을 빼놓을 수 없다. 소셜 미디어는 국가의 경계를 넘어서 실시간으로 모든 팬들과 연결될 수 있는 수단이다. 스위프트는 이를 적극적으로 활용하여 지역적 차원의 소통을 넘어서 전 세계 팬들과 깊은 유대 관계를 형성하며 글로벌 차원의 브랜딩을 강화한다. 『포크로어』 앨범은 2020년 7월 23

일 소셜 미디어 계정으로 발표됐다. 인스타그램과 트위터에 9장의 흑백 사진을 올려 앨범의 존재를 알렸고, 사진들은 퍼즐처럼 하나의 이미지로 합쳐졌다. 스위프트는 "올해 여름 계획했던 많은 것들이 이루어지지 않았지만, 계획에 없던 한 가지가 실제로 이루어졌다"며 앨범 발매를 알렸다. 전통적인 방식으로 몇 달에 걸쳐 홍보하는 것이 아니라 발매 하루 전날의 갑작스러운 발표였다. 이 전략은 팬들과 언론 모두에게 놀라움을 줬고, 즉각적인 반응을 이끌어냈다. 스위프트는 앨범 발매 직후 유튜브에 타이틀곡 「Cardigan」 뮤직 비디오를 공개하며 전 세계 팬들과 실시간으로 연결되었다.

음악의 완성도는 중요하지만 전략도 필요하다. 앨범 출시, 콘서트 발표, 심지어 컬래버레이션을 결정할 때도 스위프트는 전 세계의 음악적 취향을 철저히 조사하고 이해했다는 느낌을 준다. 스위프트는 기업들이 포트폴리오를 확장할 때, 공략하려는 지역에 강력한 기반을 가진 기업과 합병하거나 특정 시장에서 사랑받는 브랜드와 협업하는 전략을 취하는 것처럼 일한다.

스위프트가 영국 출신의 에드 시런이나 제인 말리크와 컬래버레이션 하는 것은 음악적 기량을 합치는 시도가 아니라, 협업 아티스트의 팬층을 공략하고 영향력을 넓히겠다는 의미다. 2012년 브라질 출신의 가수 쏠라 페르난데스Paula Fernandes와 협업한 「Long Live」의 포르투갈어 버전은 브라질 시장을 타깃으로 한 스위프트의 전략적 협업이었다. 이 노래는 브라질에서 큰 인기를 얻었으며 브라질 드라마 「아베니다 브라질Avenida Brasil」의 사운드 트랙에도 실렸다.

스위프트의 글로벌 영향력이 유독 눈에 띄는 이유는 그 폭이 아닌 깊이에 있다. 스위프트의 열정적이고 헌신적인 팬덤 스위프티는 전 세계에 존재한다. 이들은 단순한 소비자가 아닌 브랜드 홍보대사로서 적극적으로 참여하는 헌신적인 집단이다.

스위프트는 중독성있는 멜로디와 기억에 남는 가사를 넘어 '당신을 알아보고 이해하고 있으며 대변한다'는 느낌을 주는 세계를 설계한다. 그 공간에서 스위프티는 스위프트와 함께하는 집단적 공동 서사collective narrative의 일부가 되고, 스위프트와 직접 이야기하는 듯한 경험을 한다.

소비자들이 느끼는 개인적 유대감은 소비나 자본 투자를 넘어 정서적 투자로 이어진다. 스위프티는 스위프트의 성과를 자신의 일처럼 기뻐한다. 신제품 출시를 함께하는 행사로 여기고, 어려움을 공동의 도전으로 받아들이고, 성공은 모두의 승리가 된다. 이러한 깊은 관계는 신뢰와 투명성, 고객을 이해하고 가치를 존중하려는 끊임없는 노력으로만 가능하다. 스위프트의 목소리가 언어의 장벽이나 문화적 차이에 갇히지 않는 이유다. 진정한 브랜드는 공유된 경험과 정서의 총합이다.

스위프트는 일관성과 재창조, 글로벌한 보편적 매력과 지역적 공감대, 그리고 팬들과의 진정한 소통과 전략적 협업을 통해 스위프트 브랜드의 세계화를 이루었다. 시간이 흐를수록 스위프트의 영향력은 더 커지고 있다.

역자 노트 : 글로벌 확장 전략의 정수 「디 에라스 투어」

「디 에라스 투어」는 스위프트를 진정한 글로벌 아이콘의 자리에 올려놓은 결정적인 전환점이다. 이 투어는 스위프트의 음악 인생 전반을 기념하는 의미 있는 콘텐츠다. 스위프트는 음악적 변천사와 다층적인 내러티브를 전 세계 팬들과 공유하고, 각 지역의 문화적 차이를 존중한 맞춤형 경험을 제공했다. 이 투어로 그는 상업적 성공과 브랜드 확장을 동시에 달성했다. 공연 수익은 20억 달러, 미국 내 소비 지출만 최대 4억 6000만 달러에 이르는 기록적인 경제 효과로 '스위프트노믹스'라는 신조어까지 나왔다.

스위프트는 각 공연을 해당 지역만의 독특한 경험으로 설계한다. 뉴욕에서는 『1989』 앨범의 「Welcome to New York」을, 영국 맨체스터에서는 『포크로어』 앨범의 디럭스 에디션에 수록된 「The Lakes」를 서프라이즈 곡으로 선택했다. 호수를 배경으로 삼은 이 곡은 영국의 자연을 상징하는 곡으로, 영국 팬들에게 특별한 의미로 다가왔다. 런던 웸블리 스타디움 공연에서는 「London Boy」를 불러 현지 팬들과의 정서적 연결을 강화했다.

웸블리 스타디움에서는 장소의 역사적 상징성을 강조하며 파노라마형 LED 스크린과 다층 구조의 이동식 무대를 설치하는 등 대형 공간을 최대한 활용해 공연을 연출했다. 공연의 절정에 맞춰 쏘아올린 불꽃은 웸블리 스타디움의 야외 공간을 최대한 활용한 장치로 관객들에게 시각적인 즐거움을 선사했다. 이 공연은 영국의 자부심과 연결된 특별한 이벤트가 되었다.

각 도시의 특성을 반영한 굿즈 판매도 현지 팬에게 특별한 경험이다. 영국 국기나 웸블리 스타디움 등 상징적인 요소를 넣어 디자인한 특별 에디션 티셔츠, 공연 날짜가 새겨진 액세서리, 지역 한정 투어 포스터는 그 도시에서만 얻을 수 있는 특별한 기념품이었다. 스위프트는 지역 미디어와 적극적으로 협업하여 팬들이 투어 정보를 쉽게 접할 수 있도록 했다.

스위프트의 현지화 전략은 각 공연을 독특하게 만들어 팬들에게 단 한 번뿐인 특별한 경험을 한다는 몰입감을 주었고 잊을 수 없는 기억을 심었다.

"우정 팔찌를 만들어 이 순간을 만끽하자"

- 「You're On Your Own, Kid」 가사 중에서

12

수익 모델 :
팬 경험을 설계하다

상품화는 브랜드의 핵심 가치와 정체성을 일상 용품에 담아내는 시도다. 티셔츠, 후디, 투어 기념품 등의 굿즈는 스위프트 브랜드의 자연스러운 연장선에 있다. 상품은 음악적 정체성과 대중 이미지와 일치하며 강하게 연결된다. 팬들은 굿즈를 통해 스위프트의 세계관과 예술적 감성을 더 깊이 이해하고 공감할 수 있게 된다.

✦ 스토리텔링 캔버스로서의 상품 기획

스위프트의 굿즈 전략은 라이프 스타일 브랜드들과 유사하다. 명품 패션하우스는 실용성과 예술성을 균형 있게 결합해 각 제품을 디자인한다. 디자이너들은 한 시대의 정신을 의상이나 액세서리에 녹여낸다. 스위프트도 미적 요소와 감정적 공감을 적절하게 결합해 인생의 어떤 순간이나 감정, 혹은 성장 이야기의 한 장면을 담아낸다. 펜던트나 포스터와 같은 그의 굿즈는 팬들이 그의 음악이나 이야기에서 자신의 감정과 경험을 발견하고 자신을 투영해 볼 수 있도록 초대한다. 굿즈를 소장하는 것은 아티스트와의 경험을 공유하며 팬과 아티스트의 연결성을 유형의 물건으로 증명하는 일이다.

스위프트의 접근 방식은 전통적인 상품 수익화 전략과는 다르다. 대부분의 아티스트들이 굿즈를 수익 창출의 보조 수단으로 보는 것과 달리 스위프트는 굿즈를 스토리텔링을 확장하는 캔버스로 여겼다. 그는 굿즈를 활용해 팬들이 단순한 소비자가 아니라 자신의 이야기에 적극적으로 참여하는 존재가 되도록 만들고자 했다. 이러한 전략은 스위프트의 굿즈를 일회성 상품이 아닌 소중한 추억의 상징으로 전환시킨다.

상품화 영역에서 또 다른 상징적 인물을 꼽자면, 기네스 팰트로와 그의 성공적인 라이프 스타일 제국인 굽GOOP을 떠올리지 않을 수 없다. 굽은 제품을 판매하는 것이 아니라 이상적인 삶의 철학 방식을 구현한다. 스위프트와 마찬가지로 팰트로는 상품이 아니라 경험을 구성했다. 웰니스 제품에서 의류까지 팰트로의 안목을 거친 모든 상품은 그의 라이프스타일 철학을 경험할 수 있는 통로다. 굽은 신체 건강뿐 아니라 정신, 정서, 사회적 건강 전반의 웰빙과 이상적인 삶을 추구한다. 그래서 굽 제품을 구매하는 것은 물건을 산다는 의미가 아니라 팰트로의 라이프 스타일을 채택하고, 그가 구현하는 세련된 우아함을 받아들이는 것에 가깝다.

굿즈는 물건을 넘어 서사와 철학을 바탕으로 정서적으로 연결되고 소속감을 갖는 커뮤니티로 나아간다. 무엇을 구매하느냐는 물건이 전하는 서사, 제안하는 라이프 스타일, 초대하는 커뮤니티에 비하면 부차적인 문제다. 소비자 행동의 심리 측면에서 상품은 소속감을 나타내는 강력한 매개체가 된다. 굿즈는 팬들이 자신이 속한 집단에 대한 충성심을 드러내고 아티스트의 세계를 일상에서 항상 함께할 수 있는 수단이다.

로버트 치알디니Robert Cialdini 박사의 설득의 원칙에 대한 연구는 소비자 행동을 이해하는 데 도움이 된다.1 치알디니는 사람들이 특정 방식으로 행동하거나 결정을 내리게 하는 트리거trigger에 대해 연구했으며, 6가지 설득의 원칙2을 제시했다. 이러한 원칙들은 상품화 전략에서 강력한 영향력을 발휘한다. 받은 만큼 보답을 해야 한다는 압박을 느낀다는 상호성reciprocity, 자신의 행동을 결정할 때 다른 사람의 행동을 근거로 삼는다는 사회적 증거social proof 같은 개념은 상품화와 상당한 연관성이 있다. 또 한정판 상품 출시 전략은 희

---

1   애리조나 주립대학 심리마케팅학과 명예 교수로, 설득의 과학을 연구하는 데에 전 생애를 보내며 설득과 순응, 협상의 분야에서 전문가로서 세계적 명성을 얻었다. 저서 『설득의 심리학』은 뉴욕타임스 베스트셀러에 올랐으며 전 세계 30개국 이상에 번역 출간됐다. 윤리적 설득 훈련, 기업 기조 연설 프로그램, CMCT-치알디니 공인 인증 프로그램 등을 이끌고 있다.

2   그는 설득의 원칙으로 상호성, 사회적 증거, 희소성, 권위, 일관성, 호감을 제시했다.

소성scarcity의 법칙을 이용해 소유 욕구를 자극한다. 스위프트와 같은 잘 알려진 인물의 권위authority는 제품의 매력을 크게 높인다.

치알디니의 이론에 따르면, 소비자들이 특정 제품에 끌리는 것은 그 제품의 본질적 가치 때문만은 아니다. 소비자들은 심리적 신호와 복잡한 요소들의 상호 작용, 즉 심리적 트리거에 큰 영향을 받는다. 최고의 기술은 이러한 원칙들을 마케팅 전략에 적절하게 적용하여, 소비자가 조종당하고 있다는 느낌을 받지 않고 진심으로 이해받고 존중받는다는 느낌을 주는 것이다.

스위프트의 상품들은 하나의 서사를 담고 있다. 치알디니는 저서 『설득의 심리학』을 통해 그 서사 기저에 작동하는 원리를 설명한다. 설득의 원칙들은 주요 사건과 그로 인한 변화, 주인공들이 직면한 갈등, 해결 과정, 결말 등 이야기의 핵심 플롯을 드러내 팬들이 왜 제품에 담긴 이야기에 깊이 매료되는지를 명확히 설명한다.

치알디니의 법칙을 확장해 보면, 스위프트의 상품이 매력적인 이유를 보다 다차원적으로 이해할 수 있다. 입장 정립commitment과 일관성consistency의 법칙을 보자. 이 법칙은 개인이 일단 어떤 입장이나 태도를 취한다면, 이후로는 일관되게 그 입장에 따라 행동하려는 내외적 압박을 느낀다는 이론이다. 스위프트는 뛰어난 이야기 구성을 통해 팬들이 그와 함께 여정을 시작하도록 유도했다. 팬들이 그의 이야기에 감정적으로 투자하게 되면, 그들은 자연스럽게 가사집이나 테마 팔찌와 같은 물건을 구매하여 지지와 헌신을 상징적으로 표현하고자 한다.

호감liking의 법칙은 사람들이 좋아하는 사람에게 더 큰 영향을 받기 쉽다는 간단한 이론이다. 스위프트는 팬들에게 개인적인 이야기와 친밀한 순간을 솔직하게 공유한다. 이를 통해 팬들이 단순히 그를 동경하는 것에 그치지 않고 진정으로 좋아하도록 만든다. 이러한 호감은 상품을 구매하는 강한 동기가 된다.

마지막으로, 연대unity의 원칙이다. 이는 영향력자influencer와 영향을 받는 사람들 간의 공유된 정체성을 의미한다. 스위프트와 스위프티 간의 유대감에서 분명하게 드러나는 원칙이다. 그들은 공유된 경험과 이야기를 통해 서로 연결되며, 착용하거나 전시하는 상품으로 연대와 소속감을 표현한다. 각 아이템은 연대의 표시이며 이를 아는 사람끼리 공유하는 언어다. 스위프트는 상품화 전략에 치알디니의 설득의 원칙을 능숙하게 적용했다고 평가할 수 있다.

골목을 걷다가 테일러 스위프트 후디를 입은 사람을 마주칠 수 있다. 팬들에게 후디는 아티스트와의 유대를 보여 주는 증거이자 선언이다. 스위프트의 굿즈는 소재의 품질에서 디자인까지 모든 것이 정돈되어 있다. 하나의 상품이 독립적인 상품이면서도 스위프트라는 포괄적인 브랜드와 자연스럽게 조화를 이루도록 배치되어 있다. 앨범 발매 시점에 온라인 스토어는 기업의 제품 출시 전략을 보는 것 같다. 한정판, 번들 판매, 독점 상품 등 제품 출시 기간 수익을 극대화하기 위해 기업들이 사용하는 전략들이 모두 동원된다.

스위프트의 접근 방식을 글로벌 브랜드의 전략과 비교하면, 그의 뛰어난 비즈니스 감각이 분명해진다. 독점성exclusivity은 오랫동안 명품 브랜드가 사용해 온 전략이다. 명품 브랜드들은 한정된 시간 동안 또는 제한된 수량으로 명품을 제공하여 팬들의 구매 욕구를 높인다. 스위프트도 앨범 판매 시기나 깜짝 이벤트 기간 동안 독점 상품을 출시한다. 스위프트는 팬들이 독점 상품에 접근할 수 있는 VIP 회원처럼 느끼게 한다. 팬들의 열정을 자극하고 소셜 미디어에 파급효과를 일으켜 영향력을 더욱 넓힌다. 이런 전략은 선도적인 테크 기업들도 즐겨 쓴다. 기술 마니아들이 최신 기기 출시를 기다리며 토론하고 분석하는 것처럼 스위프티는 상품 출시에 열광하며 획득한 아이템을 분석하고 공유한다.

스위프트가 상품을 경험의 이벤트experiential event로 전환하는 능력은 현대 소비자 문화에 대한 이해에서 출발한다. 상품 출시를 둘러싸고 팬들이 느끼는 흥분과 열광은 우연이 아니다. 팬들의 행복감을 극대화하기 위한 스위프트만의 섬세한 장치들이 작동한 것이다. 절묘한 타이밍, 암호 같은 티저로 생겨나는 팬들의 추측과 기대가 쌓이고 쌓여 결국 구매 열풍으로 이어진다.

이 과정에서 팬들 사이에는 동지애가 생긴다. 스위프트의 굿즈를 착용하는 것은 단지 음악적 취향을 드러내는 일이 아니라, 독점적 부족tribe의 일원임을 알리는 신호이다. 이 소속감은 값을 매길 수 없다. 상품의 목적은 두 가지다. 첫째는 수익 창출이고, 두 번째는 브랜드 확산이다. 스위프트의 모자를 쓰거나 배낭을 메고 다니는 팬은 걸어다니는 광고판 역할을 한다. 스위프트 제국의 재정을 탄탄하게 만드는 동시에 영토를 확장시키는 일이다.

스위프트의 상품화 방식은 유명세를 이용해 이익을 창출하는 셀럽 마케팅과는 전혀 다르다. 주목해야 할 점은 브랜드가 본래 영역을 넘어서 어떻게 확장할 수 있느냐다. 스위프트의 사례는 대중을 이해하는 것, 제품이 아니라 경험을 만드는 것의 힘을 말하고 있다. 상품이 상징하는 이야기와 운동의 일부가 되는 경험 말이다.

✦ 팬을 소비자로 전환하는 신뢰의 힘

하룻밤 사이에 유행이 등장했다 금방 사라지는 시대에 오랫동안 열성적인 팬을 유지하는 것은 놀라운 업적이다. 스위프트는 관심을 끌고 유지하는 것을 넘어서 충성을 이끌어내고, 팬들을 헌신적인 소비자로 탈바꿈시켰다. 그의 성공 비결은 무엇일까.

디지털 시대의 아티스트들은 종종 일시적인 바이럴에 집착한다. 많은 이들이 순간의 명성을 위해 독창성을 포기하곤 한다. 그러나 스위프트는 전혀 다른 길을 걷고 있다. 스위프트의 특별함은 진정성이다. 스위프트가 남들과 다를 수 있는 이유는 진심이 담긴 이야기를 하고 자발적으로 팬들과 소통하며 일상의 진솔한 순간들을 공개했기 때문이다. 차트 1위 곡이나 화려한 시상식이 전부가 아니다.

어떤 아티스트들은 가능한 한 많은 사람에게 다가가는 전략을 사용하지만, 스위프트는 깊이 있는 관계를 중요하게 생각한다. 그는 음악, 소셜미디어 상호 작용, 깜짝 만남 등을 통해 팬들과 깊은 유대감을 형성했다. 스위프티들은 그가 '나를 알아봐 주고 특별하게 생각해 주는구나' 하고 느낀다. 팬들과 진정한 관계를 쌓기 위해 스위프트가 열정적으로 헌신할수록 팬들의 충성도는 더욱 단단해진다.

스위프트의 접근 방식은 전통적 방식과는 다르다. 그는 팬들을 소비자로만 여기지 않는다. 팬들은 삶의 여정을 함께 공유하는 부족, 하나의 공동체이다. 팬덤과 실질적인 소비 행동 사이의 차이로 고민하는 다른 아티스트들과는 비교할 수 없다. 팬들에 대한 근본적인 인식이 다르기 때문이다.

음악 산업은 재능만으로는 부족하다. 전략과 직관뿐 아니라 팬들과의 관계에서 변화하는 역동성을 이해해야 한다. 많은 아티스트들은 계속 주목받기 위해 과거의 성공 공식을 그대로 적용하지만, 스위프트는 자신만의 독특한 방식을 추구한다. 팬들과의 상호 작용은 유대감을 깊게 할 기회이며, 일시적인 찬사를 지속적인 헌신으로 바꾸는 과정이다. 그는 대규모 이벤트와 화려한 캠페인에 의존하지 않는다. 대신 고개를 끄덕이게 하는 섬세한 표현, 팬들과 소통하다가 터진 진솔한 웃음, 일상이 담긴 꾸밈없는 스냅샷으로 관계를 만들어간다. 이러한 헌신은 그를 팬들에게 단순한 아티스트 이상으로 만들었다. 비밀을 공유하는 친구, 신뢰하는 동료, 가깝게 느껴지는 존재로 다가가는 것이야말로 스위프트의 독특한 능력이다. 그는 광범위한 팬덤을 신뢰와 친밀함이 가득한 동아리로 만든다. 모든 팬은 자신이 특별한 비밀을 공유하고 있고, 더 큰 무언가의 일부가 되었다고 느끼게 된다.

노련한 기업가는 이해관계자들의 의견에 귀 기울인다. 스위프트는 팬들의 가슴 뛰는 순간을 세심하게 살핀다. 개인적인 것과 상업적인 것의 경계를 끊임없이 흐리며, 미묘하게 팬들과 교감한다.

요즘 소비자들은 똑똑하다. 이들은 단순히 제품이 아니라 경험을 원한다. 단지 판매의 대상이 되기를 원하지 않고 진정한 연결을 원한다. 더구나 다양한 정보와 콘텐츠에 쉽게 노출되면서 주의 집중이 짧아지고 관심은 지속되기 어려워졌다. 스위프트의 전략은 지극히 개인적으로 공명을 일으키는 요소에 기반한다. 소셜 미디어를 통한 상호 작용을 예로 들어보자. 그의 소셜 미디어 게시물은 음악적 업적과 개인적인 일화가 섞인 친밀한 내용들이다. 팬들 앞에 무대 뒤의 삶을 드러낸다. 그는 종종 팔로워들과 교류하며 팬들의 메시지에 답글을 달거나 그들의 성취를 축하하고, 때때로 특별한 선물로 놀라게 한다. 이런 작은 손짓은 겉보기에는 사소해 보일 수 있지만, 팬덤의 광대한 바다에 파장을 일으킨다. 팬들은 자신이 존중받고 소중히 여겨진다는 느낌을 받는다. 스위프트는 인간 관계의 본질을 이해하고 있다. 거창한 캠페인보다 진정성 있는 태도가 사람의 마음을 울린다.

스위프트의 앨범 발매 방식도 같은 맥락에 놓여 있다. 아티스트들은 앨범을 발매할 때, 음악에만 집중하는 경향이 있다. 스위프트는 매번 앨범을 낼 때마다 하나의 우주를 창조한다. 그의 앨범은 곡의 모음집을 넘어선다. 앨범 속 우주는 스위프트에게 일어난 일과 사람들과의 관계를 바탕으로 쓴 이야기로 스위프티와 연결된 주제들로 가득하다. 팬들이 보물찾기처럼 다양한 방식으로 음악을 경험하고 해석할 수 있도록 다층적 구조를 설계한 것이다. 팬들은 열정적으로 단서를 연결하고 메시지를 해독하는 경험에 몰입하게 된다. 이는 앨범 구매가 아니라 공동의 여정에 참여하는 과정이다.

그의 디지털 존재감은 개인적으로 친근한 느낌을 준다. 이러한 디지털 접근성digital approachability은 슈퍼스타의 아우라를 벗겨내고, 팬들이 손에 닿을 수 없는 셀럽이 아닌 친구와 대화하고 있다고 느끼게 만든다. 그의 한결같은 진솔한 소통은 스위프트의 디지털 팔로워들을 현실 세계의 소비자로 전환시키는 데 중요한 역할을 한다. 팬들은 개인적인 상호 작용을 통해 더 깊은 연결을 느끼고, 이는 음반이나 굿즈를 구매하는 일로 이어진다.

본질적으로 팬을 소비자로 전환하는 것은 신뢰에 관한 일이다. 충성을 소중하게 여기고 유대를 존중하기 위해 최선을 다하고 있고 다할 의지가 있다는 것을 몇 번이고 반복해서 증명하는 일이다. 스위프트는 이를 본능적으로 이해했다. 그는 행동을 통해 팬들이 최우선이라는 메시지를 지속적으로 전달한다. 이러한 감정이 바로 일반적인 음악 팬을 평생 고객으로 바꾸는 것이다. 그는 팬들을 우주의 중심으로 삼아, 전 세계 기업이 배울 만한 고객 참여 모델을 개발했다. 지금의 비즈니스 환경에서 가장 가치 있는 자산은 돈이 아니라 충성도다. 스위프트는 충성도 높은 팬층을 보유했다는 점에서는 그 어떤 브랜드보다 월등한 부자일 것이다.

역자 노트 : 앨범 굿즈와 팝업 스토어로 구현된 스토리텔링

2014년 스위프트는 『1989』 앨범을 출시하면서 뉴욕과 로스 앤젤레스 등 주요 도시에 팝업 스토어를 열었다. 이 앨범은 그가 컨트리에서 팝으로 완전히 전환한 작품으로, 1980년대 팝 사운드와 스타일에 영감을 받았다. 팝업 스토어 역시 1980년대의 레트로 감성과 팝 문화 요소를 반영해 수록곡의 가사와 테마를 시각적으로 재현했다. 팬들은 스위프트의 혁신적인 음악적 전환을 직접 체험할 수 있었다.

대표적인 굿즈 중 하나는 스위프트가 직접 찍은 폴라로이드 사진을 활용한 아이템이었다. 『1989』 앨범에 수록된 스위프트의 개인적이고 친밀한 순간을 담은 사진들과 관련된 상품이었다. 빈티지 스타일의 그래픽 티셔츠, 후드티, 네온 컬러 액세서리 등 복고풍 굿즈, 스위프트의 이미지와 1980년대 스타일을 결합한 가방, 머리띠, 손목 밴드 등 다양한 악세사리들이 판매되었다. 특히 1980년대 레코드 문화를 상징하는 바이닐 레코드는 그 시대의 음악 소비 방식에 대한 향수를 불러일으키며 각광받았다. 팬들은 다양한 상품을 구매하며 스위프트가 창조한 '1989 세계'에 몰입했다.

2024년 발매된 앨범 『더 토처드 포잇츠 디파트먼츠』의 사전 마케팅은 전례 없는 방식이었다. 스위프트는 다양한 스트리밍 플랫폼과 협업하여 소셜 미디어와 오프라인 공간을 결합함으로써, 앨범에 대한 기대감과 팬 참여를 극대화했다. 애플 뮤직은 가사를 활용한 단어 게임을 공개했고 스포티파이는 로스앤젤레스의 한 쇼핑몰에 앨범 테마로 꾸며진 '도서관' 설치물을 선보였다. 시카고에서는 벽에 QR 코드가 등장해 팬들이 이를 스캔하고, 유튜브에서 숨겨진 이스터 에그의 단서들을 발견하게 했다. 스위프트는 소셜 미디어에 골동품 타자기와 핀이 꽂힌 지구본이 담긴 영상을 올려 신곡에 대한 단서를 제공했다. 오디오 스트리밍 기업 시리우스XM SiriusXM은 스위프트 전용 채널 '채널 13(Taylor's Version)'을 개설해 그의 음악 세계에 대한 깊이 있는 경험을 제공했다. 이러한 마케팅 활동은 앨범 발매 전부터 팬들의 기대감을 높이며 큰 반향을 일으켰다.

2023년 12월 13일 스위프트의 생일에 열린 팝업 스토어는 그의 중요한 가치관인 여성의 연대와 임파워먼트를 상징했다. 여성 아티스트를 지원하는 비영리 단체 '우먼 후 록 Women Who Rock'이 주최한 팝업 스토어는 여성 기업들이 참여해 스위프트의 음악과 기업가 정신을 기린 특별한 경험이었다. 팬들은 양초 만들기, 스위프트 얼굴 쿠키 구매, 우정 팔찌 만들기 등 다양한 활동에 참여했다. 핑크색 크리스마스 트리와 '1989'가 적힌 스웨트셔츠, 반짝이는 번개 모양 귀걸이 등으로 꾸며져 있었으며, 팬들은 「Lavender Haze」와 「Anti-Hero」라는 곡명을 붙인 음료를 즐겼다. 「디 에라스 투어」 기간에도 팝업 스토어가 열렸다. 콘서트에 참석하지 못하는 팬들이 투어 독점 상품을 구매할 수 있는 기회였다.

"저는 유권자로서 이번 선거에 대한 저의 실제 계획을
매우 투명하게 밝혀야 한다는 결론에 도달했습니다.
잘못된 정보에 맞서는 가장 간단한 방법은 진실입니다."

- 2024년 9월 11일, 인스타그램 게시물에서

13

장기 비전 :
미래 유산을 쌓아나가다

위대한 제국은 하루 아침에 세워지지 않는다. 벽돌 한 장 한 장, 건물 한층 한층 세심하게 쌓아 올려야 가능하다. 스위프트의 여정에서 가장 놀라운 것은 일시적 성공이 아니라 그가 차근차근 쌓아가고 있는 미래의 유산legacy에 있다.

많은 스타들이 잠깐 빛나다가 과거의 영광 속으로 사라진다. 하지만 스위프트는 지속적 성공을 거두며 변함없는 존재감을 이어가고 있다. 그 끈기는 어디에서 비롯된 것일까? 그 해답은 바로 그의 장기적 비전long- term vision에 있다

✦ 지속적인 영향력과 미래 비전

스위프트는 순간적인 스타덤을 쫓기보다는 영속적인 유산을 남기려는 여정을 걷고 있다. 그의 선택은 열정과 실용주의를 결합한 정교한 전략을 기반으로 하고 있다. 초기 컨트리 가수에서 다재다능한 팝 아티스트가 된 스위프트의 음악적 진화만 보더라도, 그의 비전이 유산 창조를 향하고 있다는 것을 분명하게 알 수 있다. 다른 이들이 순간적인 유행에 끌리는 동안, 스위프트는 문화적 변화를 이끄는 기저의 흐름을 파악하려는 노력을 멈추지 않는다.

스위프트의 장기 비전에 대한 헌신적 노력은 음악 장르의 진화에서 분명히 드러난다. 초기에는 컨트리 음악의 아이콘이 되어 감성적인 발라드로 많은 사람들의 마음을 사로잡았다. 그러나 이에 안주하지 않았다. 음악적 변화의 필요성을 알아채고, 팝 영역에 도전했다. 일부 보수적인 팬들은 '예전의 스위프트'를 잃을까 우려했지만 결과는 그렇지 않았다.

음악과 비즈니스 모두 성공하기 위해서는, 통찰력뿐 아니라 강한 '자기 인식self-awareness'이 필요하다. 기업들은 핵심 원칙을 무시한 채 혁신을 추구할 때 실패할 수 있다. 한때는 모바일 통신 분야의 양대 산맥이었던 노키아와 블랙베리는 주력 분야에서 탁월한 성과를 거두었지만, 급변하는 디지털 세계에 적응하지 못하고 결국 쇠락의 길을 걸었다. 스위프트 역시 다양한 음악 장르로 확장할 때 유사한 어려움을 겪을 수 있었다. 그러나 그는 자신의 특색 있는 목소리를 깊이 이해하고 있었기에 결국 성공했다. 장르나 유행에 상관없이 그의 작업에는 일관된 내러티브와 자기 성찰, 그리고 개인적인 스토리텔링이라는 흐름이 존재한다. 이 접근 방식은 단순한 적응을 넘어 정체성을 잃지 않으면서 진화하는 것을 의미한다. 시대를 초월한 아티스트와 회복력 있는 기업의 특징이다.

하지만 장기적 비전을 달성하는 데에는 적응력을 넘어서는 다른 요소가 필요하다. 바로 자신의 핵심 본질을 인식하고 이를 새로운 도전에 녹여내는 것이다. 급격한 음악적 전환의 시기에도 그의 정체성이자 강점인 스토리텔링은 조금도 변하지 않았다. 사운드는 진화했지만 영혼은 그대로였다.

스위프트가 지적 재산을 강력하게 보호하는 것 역시 유산 창조 계획의 중요한 부분이다. 옛 앨범을 다시 녹음하는 것은 단순히 과거에 대한 권리를 되찾은 것이 아니라 미래를 보장하는 것이다. 이는 기업이 특허, 영업 비밀, 브랜드 정체성을 보호하려는 것과 비슷하다. 지적 재산권을 둘러싼 기술 기업들의 치열한 전쟁은 현재를 넘어서 업계의 미래를 차지하려는 전투다.

스위프트는 창작에 대한 통제권을 추구하며 음악적 경계를 넘어 다양한 영향력을 행사하고 있다. 유산 창조에 대한 다면적 접근 방식은 스위프트를 차별화한다. 작품을 남기는 것을 넘어, 사회에 지속적인 영향을 미치는 것이다. 그의 멜로디에는 스위프트의 입장, 신념, 그리고 지워지지 않는 영향을 각인하려는 열망이 담겨 있다. 진정한 유산은 다면적이다. 유산은 당신이 창조하는 예술뿐 아니라, 당신이 일으키려는 변화와 지지하는 대의를 통해서 울려퍼질 수 있다.

스위프트의 음악은 폭넓은 문화적 서사와 얽혀 있다. 그는 히트곡도 만들어내지만 파트너들과 전략적으로 제휴하고 사회적 이슈에 명확한 입장을 취한다. 스위프트는 중요한 이슈에 대해 명확한 목소리를 내며 능동적인 감정을 전달했다. 그는 이러한 요소들을 정체성에 녹여 음악 차트를 석권하는 일뿐 아니라 사회적 변화를 일으키는 영속적인 기록까지 남긴다. 스위프트는 예술은 사회를 반영하기도 하고 사회에 영향을 미쳐 변화를 이끌 수도 있다는 것을 증명하고 있다. 엔터테인먼트와 행동주의의 조합은 강력한 시너지를 일으켜 그의 영향력을 더욱 강화했다. 기업들이 CSRCorporate Social Responsibility[1] 캠페인과 커뮤니티 참여를 통해 더 강한 유대를 구축하고 기업의 가치를 사회에 심으려 하는 이유도 마찬가지다.

사회와 정치적 활동에 적극적으로 참여하는 스위프트의 모습에서 그가 생각하는 장기적 관점이 무엇인지 알 수 있다. 스위프트는 자신의 활동이 음악에 국한되지 않는 사회적 유산이라는 것을 인식하고 있다. 그는 아티스트 권리 옹호, LGBTQ+[2] 권리 지지, 정치적 지지 표명 등을 통해 음악을 초월하는 유산을 쌓고 있다. 그는

---

[1]   기업의 사회적 책임. 기업이 사회적, 환경적 영향을 고려하여 자발적으로 수행하는 활동을 포함한다. 이는 기업이 단순히 이윤 추구를 넘어서, 사회적 가치 창출에 기여하고, 지속 가능한 발전을 지원하는 것을 목표로 한다.

[2]   레즈비언(lesbian), 게이(gay), 양성애자(bisexual), 트랜스젠더(transgender), 퀴어/탐색 중인 사람들(Queer/Questioning)을 나타내는 약어이다. +는 추가적인 성적 지향이나 성 정체성을 포함하는 포괄적인 표현으로 사용된다.

그는

단순한 뮤지션 이상의 존재로 사회에 긍정적인 변화를 촉진하려고 한다.

스위프트는 예술 작업과 사회 문제에 대한 활동을 사회적 영향력으로 엮어낸다. 앨범, 노래와 공개 성명은 변화를 촉구하고 대화를 불러일으키며 기존 질서에 도전하는 기회다. 스위프트는 영향력을 발휘해 시급한 이슈를 조명한다. 진정한 유산은 개인의 성취를 넘어 다른 사람들의 삶에 변화를 일으키는 데 있다. 개인의 열정과 사회적 헌신이 결합된 스위프트의 방식은 그를 강력한 영향력자로 만들었다.

진짜 전설은 현재를 정복하는 것이 아니라 미래를 창조한다. 그의 각 시대가 막을 내리고 새로운 문을 열 때마다, 스위프트의 서사는 비전과 적응력, 핵심 가치를 향한 확고한 헌신의 힘을 증명하는 전설로 남고 있다.

"그녀는 영화 크레딧에 운전수들의 이름을 넣었어요.
그게 그 사람의 품성을 보여주는 겁니다."

- 콘서트 장비 운송 회사 대표 마이크 쉐켄바흐,
  2024년 8월 3일 『롤링 스톤』 인터뷰에서

14

팀 스위프트 :
비전과 동료애로
더 큰 무대를 만들다

✦ **공동의 꿈과 헌신**

    무대에 서는 스타인 스위프트를 보면, 혼자서 모든 것을 다 해낸 것처럼 착각하기 쉽다. 그러나 월스트리트의 고층 빌딩에서 일하는 임원들은 말한다. 성공은 결코 혼자 이루는 것이 아니다. 탁월한 성공은 교향곡처럼 조율하고 협업한 결과다. 골드만 삭스나 JP모건의 전략가들은 애널리스트, 연구원, 전문가들로 구성된 거미줄 같은 네트워크에 의존하여 비즈니스 비전을 이끈다. 스위프트에게도 스타덤을 견인하는 강력한 팀이 존재한다. 무대 커튼 뒤에는 헌신적인 전문가들로 이뤄진 정예 팀이 있다. 예리한 경영진과 음악을 정교하게 다듬는 창의적인 프로듀서들, 스위프트의 앨범 발매를 단순한 음

211

원 공개가 아닌 기억에 남는 이벤트로 만드는 마케팅 전문가들이다.

스위프트의 홍보팀은 브랜드 서사를 관리하기 위해 전략적으로 움직인다. 스위프트의 성취와 앨범 발매를 기념하는 작업부터 개인적 또는 공적 논란을 관리하는 작업까지, 다양한 상황을 노련하게 처리한다. 시대 정신을 파악하고 대중의 반응을 예측하며 메시지를 신중하게 다듬어야 하는 어려운 일이다. 이들의 전략적 커뮤니케이션은 경험 많은 CEO도 감탄할 만한 솜씨를 자랑한다.

다큐멘터리 「미스 아메리카나」는 스위프트 홍보팀의 역량을 다시 한 번 증명하는 작품이다. 스위프트가 스타덤에 오르는 과정을 가감 없이 보여주는 다큐멘터리에서 스위프트는 웨스트 사건의 후폭풍에 맞서고, 성추행 사건의 그림자와 싸운다. 언론의 지속적인 관심과 비판이 자신의 이미지와 인식에 미친 부정적인 영향을 인정하고 극복해 나가는 모습도 보인다. 스위프트가 시련과 고난을 겪을 때마다 곁에는 최고의 홍보 담당자 트리 페인Tree Paine이 있었다. 페인이 스위프트의 무대 뒤에서 얼마나 큰 역할을 하는지는 스위프트가 소셜 미디어에 처음 정치적 입장을 올리던 순간, 그 옆에서 화이트 와인을 함께 마시며 축하해 주던 짧은 장면을 통해서 추측할 수 있다. '불꽃 머리 미녀'로 알려진 페인은 2014년부터 스위프트의 대중 이미지를 관리하며 초강력 태풍 수준의 홍보 위기를 함께 헤쳐왔다.

페인은 스위프트와 함께 일하기 전, 내슈빌의 컨트리 음악 아카데미와 내슈빌 워너뮤직의 홍보 담당 부사장으로서 인상적인 경력을 쌓았다. 페인은 사생활을 중시해 개인 인스타그램을 비공개로 유지하고 있으며, 디지털 플랫폼에서 하는 활동은 X에서 스위프트의 PR을 하는 것뿐이다. 온라인에서 개인적으로 절제된 페인의 태도는 스위프트의 홍보 일을 할 때 180도 달라진다. 페인은 공개적 불화에서 아티스트의 권리 분쟁에 이르기까지 다양한 문제를 관리해 왔다. 논란 이후 스위프트의 대중적 페르소나가 재구성되는 방식을 보면 페인의 영향력이 얼마나 큰지 확인할 수 있다. 스위프트 커뮤니티에서는 페인의 홍보 전략이 때때로 도마 위에 오르기도 한다. 특히 웨스트 사건 이후의 PR에 실수가 있었다고 주장하는 사람들도 있었다. 그러나 최근 몇 년 동안 스위프트의 이미지가 회복되고 재탄생된 것은 부인할 수 없는 사실이다.

무대 뒤에는 또 다른 영웅들이 있다. 바로 작곡가, 프로듀서, 편곡자, 엔지니어, 공연 아티스트 등이다. 인수 합병 전문가들이 다양한 회사를 하나로 결합하여 그 가치를 더욱 크게 만드는 것처럼, 공동 작업자들은 스위프트가 다양한 장르, 아이디어, 감성을 융합할 수 있도록 돕는다. 이들은 함께 매혹적인 음악을 만들어내며, 각 곡이 스위프트의 핵심 팬층뿐만 아니라 더 많은 이들의 마음에 닿을 수 있도록 만든다.

스위프트의 광범위한 음악 세계도 수많은 조력자가 있었기에 한층 더 풍성해졌다. 뮤지션 겸 프로듀서인 잭 안토노프와의 역동적인 파트너십이 대표적이다. 이들의 만남은 1980년대 밴드 야주Yazoo에 대한 공감대에서 시작되었다. 두 사람은 첫 협업곡인 「Sweeter than Fiction」 이후1, 여러 히트곡을 함께 작업해 왔다.

안토노프는 종종 스위프트호의 '부기장'으로 불린다. 두 사람의 시너지는 비평가들의 찬사를 받은 앨범『1989』에서 만개했고, 안토노프는 이제 스위프트의 창작 여정에 없어서는 안 될 자산이 되었다. 마찬가지로 밴드 더 내셔널의 애런 데스너와의 깜짝 협업은『포크로어』라는 그래미 수상 앨범을 탄생시키며 조화로운 결합의 힘을 보여주었다.

스위프트의 우정은 녹음실에에만 머물지 않는다. 밴드 하임의 세 자매, 그리고 배우이자 가수인 셀레나 고메즈와의 관계는 무대 안팎으로 이어진다. 하임 자매들은 스위프트의 행사에 자주 참석하며 서로의 중요한 순간을 함께 한다. 2023년 「디 에라스 투어」에서 하임은 밝고 활기찬 무대를 선사하며 스위프트와 함께 팬들에게 특별한 에너지를 전달했다. 조나스 브라더스Jonas Brothers 멤버와 사귄적 있는 스위프트와 고메즈는 연애사와 조언을 주고 받으며 우정을 나누는 오랜 친구다. 이러한 관계들은 스위프트의 성장을 지지하는 중요한 동력으로 작용한다.

스위프트의 콘서트 투어는 진화된 대규모 극장형 이벤트다. 수많은 기술자, 디자이너, 행사 기획자들의 협력으로 세심하게 준비된다. 스위프트의 공연은 시각적, 음향적 완벽함을 추구하며, 공연의 모든 요소가 정확하게 맞물려 돌아가도록 치밀하게 조율된다. 무대 위 화려함 뒤에서는 수많은 보이지 않는 전문가들이 각자의 역할을

---

1   팝페라 가수 폴 포츠에 대한 영화 「원 챈스」(2013) 사운드트랙 수록곡이다.

완벽하게 수행하며, 스위프트의 공연이 매끄럽게 진행되도록 헌신적으로 일한다.

스위프트의 개인 비서이자 로드 매니저 에리카 워든Erica Worden은 단순한 스태프 이상이다. 워든은 공개 행사뿐 아니라 사적 순간에도 늘 스위프트의 곁을 지키는 든든한 동지이다. 두 사람의 파트너십은 경력 초기부터 시작해 스위프트의 세계적인 성공과 함께 성장해 왔다.

스위프트가 전 세계적인 명성의 정점에 오를 수 있었던 배경에는 전문가들로 이루어진 정예 팀의 지원이 있다. 이제 13 매니지먼트13 Management2를 소개할 차례다. 13 매니지먼트는 설립 초기부터 스위프트가 단독으로 소유하고 있는 기획사다. 스위프트의 여정과 경력을 정교하게 기획하고 관리하는 헤드쿼터라고 할 수 있다.

대부분의 아티스트들과 달리 스위프트는 자신의 비즈니스를 직접 관리하며 사업 활동에 적극적으로 참여해 왔다. 스위프트는 대행사를 잘 활용하지 않는 것으로 유명하다. 미국에서 열리는 대규모 「에라스 투어」도 외부 대행사 없이 직접 기획하고 진행했다. 그는 공연 기획, 마케팅, 팬 관리 등 모든 것을 자신의 팀과 직접 만든다.

---

2   13은 스위프트가 좋아하는 행운의 숫자다. 그는 1989년 12월 13일에 태어났다. 스위프트는 2009년 MTV 인터뷰에서 "저는 13일에 태어났어요. 13일의 금요일에 13살이 됐어요. 제 첫 앨범이 13주 만에 골드를 받았어요. 제 첫 번째 1위 곡은 인트로가 13초였어요."라고 밝히기도 했다. 상을 받을 때마다 13번째 자리, 13번째 줄, 13번째 섹션 또는 13번째 글자인 M열에 앉는다고 한다.

이렇게 자신의 음악과 사업을 엄격하게 통제하고, 독창성과 브랜드 이미지를 강화해 나간다.

13 매니지먼트의 본사는 스위프트의 내슈빌 자택의 전용기 격납고로 알려져 있다. 하지만 내부 팀에 대해서는 알려진 바가 거의 없다. 조직 구조나 운영 방식에 대해 알려진 것도 없다. 13 매니지먼트를 실질적으로 움직이는 것은 가족 구성원과 데뷔 시절부터 오랫동안 신뢰를 쌓아온 정예 멤버들이다. 최소 10년 이상 함께해 온 사람들이 많다.

가족 구성원들은 스위프트가 감당하기 어려운 명성과 치열한 음악 산업의 압박 속에서도 사랑과 격려, 안정을 얻고 정서적 지원을 받는 원천이다. 스위프트는 재능과 열정에 대한 가족의 지지와 믿음으로 자신감과 회복력을 가지고 단호하게 도전과 좌절을 헤쳐 나갈 수 있었다.

제이 쇼디스Jay Schaudies는 법률 고문이자 매니저로서 핵심 역할을 하고 있다. 그는 데이비드 뮬러와의 법적 분쟁에서 승리할 수 있도록 굳건히 스위프트의 뒤를 지켰다.3 오랜 친구이자 13 매니지먼트 주주인 프랭크 벨Frank Bell은 라디오 출연을 담당하며 스위프트와 거의 평생 동안 함께해 왔다. '스위프트 사단'의 리더는 로버

---

3 스위프트는 2013년 라디오 DJ 데이비드 뮬러가 자신의 엉덩이를 움켜쥐었다며 성추행 혐의로 고소한다. 이 사건으로 뮬러는 해고당했는데, 그는 부당하게 해고당했다며 오히려 스위프트를 고소한다. 스위프트는 1달러짜리 맞고소로 대응했고 결국 몇 차례의 재판을 걸쳐 승소한다. 9장 위기 관리 역자 노트 참고.

트 앨런Robert Allen이다. 스위프트의 첫 번째 투어부터 함께 한 투어 매니저로, 음악적 재능이 뛰어나다. 헤비메탈 밴드 데프 레퍼드Def Leppard의 드러머 릭 앨런Rick Allen의 동생이기도 하다. 현재 13 매니지먼트를 이끌며, 음악 산업에서 영향력 있는 인물로 자리 잡았다.

겉으로는 잘 보이지 않을 수 있지만, 가장 중요한 것은 스위프트와 팀 스위프트의 깊은 신뢰와 헌신이다. 스위프트와 팀 스위프트는 서로 존중하고 신뢰하며 공동의 비전을 지향한다. 스위프트의 위대한 성공 이야기 뒤에는 강력한 전문가의 토털 솔루션 시스템이 있다. 끊임없이 일하고 혁신하며 경계를 확장해 나가는 팀이 있다.

✦ 파트너십과 관계 맺기

비즈니스는 음악과 마찬가지로 조화 속에서 번창한다. 아름다운 노래가 보완적인 화음에서 탄생하듯, 스위프트의 천재성을 증폭시키고 강화시키는 파트너십의 네트워크가 성공을 이끄는 동력이 되었다.

스위프트가 컨트리 음악에서 팝으로 전환하기로 결심했을 때, 일부 보수적 팬들은 뿌리를 부정했다고 비판했다. 스위프트의 음악적 혁신과 비전이 퇴색될지도 모르는 상황이었다. 이때 등장한 인물이 바로 히트곡 제조기로 유명한 스웨덴 출신 프로듀서 맥스 마틴Max Martin과 쉘백Shellback이다. 「Shake It Off」와 「Blank Space」 같은 차트 1위 곡이 이들의 손에서 탄생했다.

전략적 파트너십은 거래가 아니라 관계이며, 상호 존중, 신뢰,

공유된 비전에 의존한다. 스위프트와 빅머신의 오랜 파트너십도 그랬다. 그의 초기 성공에 중요한 역할을 한 빅머신은 유망한 젊은 컨트리 가수를 세계적 현상으로 성장시키기 위해 나아갔다.

그러나 음악이든 비즈니스든 조화로운 파트너십도 갈등을 겪게 된다. 스위프트와 빅머신의 마지막이 그랬다. 스위프트와 스쿠터 브라운, 그리고 빅머신 사이에서 벌어진 마스터 권리 분쟁은 파트너십의 잠재적 위험을 보여준다. 이해관계가 달라지고 권력 구조가 변하면서 협력 관계는 흔들릴 수 있다. 도전적인 상황은 아티스트 혹은 기업의 회복력과 적응력을 시험한다. 스위프트는 마스터 권리를 잃은 상황에서 포기하지 않고 과거의 앨범을 다시 녹음하는 선택을 하며 과거의 파트너십과 완전히 결별했다.

파트너십은 전략적으로 앞을 내다보는 능력을 바탕으로 한 관계다. 잠재력을 알아보고 서로 어떤 이익을 얻을 수 있을지 이해하는 것이다. 하지만 무엇보다 중요한 것은 신뢰의 신성함이다. 능력과 이익을 끌어낼 수 있는 신뢰가 없다면, 파트너십은 무너질 수밖에 없다.

역자 노트 : 스위프트의 '내 마음의 이사회'

스콧 스위프트 : 아버지 스콧은 스위프트의 가장 강력한 지원자다. 빅머신과 계약할 때 지분을 아예 일부 인수하는 등 딸의 음악 활동을 전폭 지원했다. 사업의 의사 결정에도 깊이 관여했다. 스위프트의 재정 자문으로 투자와 재정 관리를 도맡고 있다.

앤드리아 스위프트 : 어머니 앤드리아는 스위프트가 개인적인 삶과 직업적인 결정에서 항상 의지하고 조언을 구하는 멘토다. 마케팅, 브랜딩, 홍보 등에 전방위적으로 관여한다. 내슈빌 음반사의 문을 두드릴 때부터 지금의 월드 투어까지 스위프트 곁에는 항상 앤드리아가 있다.

트리 페인 : 2014년부터 스위프트와 함께 한 홍보 책임자다. 내슈빌 컨트리뮤직 아카데미와 워너뮤직 내슈빌의 홍보 담당 부사장을 지냈다. 특히 2009년 웨스트 사건 이후 스위프트의 회복과 제2의 전성기를 만들어냈다는 평가를 받는다.

프랭크 벨 : 스위프트를 아주 어릴 때부터 알아 온 핵심 측근으로, 라디오 등 외부 홍보에 집중한다. 13 매니지먼트의 주주이기도 하다.

로버트 앨런 : 시작부터 함께 한 투어 매니저로 음악업계의 영향력자로 꼽힌다. 스위프트의 세계적인 투어에서 물류를 관리한다. 13 매니지먼트의 대표로 추정된다.

에리카 워든 : 개인 비서이자 로드 매니저다. 스위프트의 대외 활동 및 사적 자리에도 항상 함께하는 최측근이다.

잭 안토노프 : 음악 프로듀서로 2012년 시상식에서 스위프트와 처음 만나 친구가 됐다. 2014년 5집 『1989』를 제작할 때 영입한 이후로 스위프트의 음악 파트너로 일하고 있다. 그래미 어워드에서 3회 연속 올해의 프로듀서로 이름을 올렸다. 『미드나이츠』, 『포크로어』, 『에버모어』 등 스위프트의 8개 앨범에 참여했다.

조셉 칸 : 브랜딩 전략의 핵심이다. 한국계 감독으로 「Bad Blood」, 「Blank Space」 등 스위프트의 뮤직 비디오를 맡아 그의 대중적 페르소나를 형성하는 데 기여했다. 칸의 스토리텔링에 대한 영화적 접근 방식은 스위프트의 뮤직 비디오를 예술 작품으로 끌어올렸다. 브리트니 스피어스, 에미넴, 레이디 가가 등 유명 아티스트와도 일했다.

제이 쇼디스 : 스위프트의 초창기부터 함께 한 법률 담당자다. 스위프트 팀의 인력 관리도 맡았던 핵심 인물이었다.

더글러스 볼드리지Douglas Baldridge : 은퇴하는 쇼디스의 후임으로 2023년 9월 영입된 법률 담당자다. 워싱턴의 베너블 로펌 소속으로, 데이비드 뮬러를 상대로 한 성추행 사건을 맡아 승소했다. 2021년 에버모어 테마파크와 상표권 침해 소송을 맡았을 때 저작권 소송으로 반격해 소를 취하하게 했다.

도날드 파스먼Donald Passman : 음악업계의 저명한 변호사로, 계약과 협상을 담당한다. 스티비 원더, 아델 등 슈퍼스타들이 그의 고객이었다. 그가 쓴 『음악 산업에 관해 알아야 할 모든 것All You Need to Know About the Music Business』은 음악업계의 바이블로 통한다.

오스틴 스위프트Austin Swift : 스위프트의 동생으로, 영화와 TV 관련 라이선싱을 관리한다. 연기와 제작뿐 아니라 지적 재산권 관리, 특히 멀티미디어 분야에서도 기여하고 있다.

"우리 모두는 테일러 스위프트 경제에서 살고 있다."

- 2023년 7월 23일 『월스트리트 저널』 기사 제목

15

투어 비즈니스 :
스위프트노믹스를
일으키다

✦ 세계에서 가장 거대한 쇼

매혹적인 스타디움 조명, 공연장이 떠나갈 듯한 박수 소리, 강렬한 흥분과 열정의 에너지를 주는 라이브 음악 뒤에는 눈에 잘 보이지 않는 복잡한 세계가 작동하고 있다. 엄청난 규모와 화려함을 자랑하는 스위프트의 공연은 철저한 계획의 산물이다. 짧게는 몇 개월, 길게는 몇 년에 걸릴 정도로 물류, 마케팅, 실행을 세심하게 준비해야 한다.

스위프트의 콘서트는 브로드웨이를 뛰어넘는 연출과 무대 기획을 갖춘 고품질의 쇼다. 조명, 음향, 시각 효과 같은 기술적 요소들이 정확하게 맞물려 작동하고, 대규모 장비 운송, 무대 설치와 같은 물류 작업이 완벽하게 결합되어, 관객에게 몰입감 있는 경험을 보장한다. 라이브 쇼의 이면에는 엄청난 노력이 있다.

콘서트의 또 다른 주요 영역은 마케팅과 브랜드다. 글로벌 기업이 광고와 소비자 접근에 막대한 투자를 하듯이, 스위프트 팀도 각 투어마다 매력적인 내러티브를 만들어 팬들과 관계를 형성한다. 티저, 독점 굿즈, 디지털 캠페인, 전략적 타이밍의 인터뷰 등이 투어의 기대감을 키우고, 대중 이미지를 유지하는 요소들이다. 글로벌 브랜드와의 협업, 팝업, 인터랙티브 팬 세션이 투어 생태계의 핵심 요소로 더해져 팬들에게 특별한 경험을 제공한다. 이로써 콘서트에 참석하지 못한 팬들도 다양한 방식으로 투어 생태계에 참여하면서 자신을 투어의 중요한 부분으로 느끼게 된다.

투어를 잘 계획하고 복잡한 물류 작업을 성공적으로 관리하여 실행하고 나면, 새로운 요소가 부각된다. 스위프트를 다른 팝스타들과 차별화하는 인간적인 면이다. 스위프트는 화려한 이력을 쌓는 동안 재능만큼이나 인품으로 주목받았다. 미국에서 「디 에라스 투어」가 끝나갈 무렵, 댄서부터 트럭 운전사에 이르는 모든 스태프들은 스위프트로부터 보너스 수표라는 놀라운 선물을 받았다. 어떤 이는 무려 수십만 달러에 달하는 보너스를 받기도 했다. 공연의 마법을 실현한 팀에는 총 5500만 달러가 돌아갔다. 투어 기간 트럭을 운전한 기사들은 10만 달러를 받았다.

스위프트가 팀원들에게 감사를 전하기 위해 마련한 모임에서 아버지 스콧은 스태프들을 한 명씩 호명하며 스위프트가 직접 이니

셜을 새겨 밀랍으로 꼼꼼하게 봉인한 진심 어린 편지를 전달했다. 이 감사의 표시는 팀의 사기를 높였을 뿐 아니라, 스위프트의 평판도 끌어올렸다. 스위프트는 무대 위에서는 화려한 공연을 펼치는 스타이지만, 무대 뒤에서는 구성원의 기여를 제대로 인정하고 보상할 줄 아는 리더다.

통 큰 배려는 일회성 이벤트가 아니었다. 스위프트는 펜실베이니아 도서관에 수천 권의 책을 기증하고 뉴욕시 교육부에 싱글 앨범 수익금을 기부했다. 다른 예술가들이 어려움에 처했을 때 지원을 아끼지 않았고, 성폭행 생존자와 재난 구호 기금에도 힘을 보탰다. 팬들이 개인적인 위기에 빠졌을 때도 도움의 손길을 내밀었다. 의료비를 지원하거나 자택에서 퇴거당할 상황을 막아주기도 했다. 팬데믹 기간 기부를 아끼지 않았던 스위프트는 2023년 투어를 재개하면서 콘서트가 열리는 도시의 지역 푸드뱅크에 거액을 기부했다. 투어는 끝났지만 스위프트의 마음은 지역 사회에서 회자된다. 그렇게 평판과 호감은 더 높아진다. 재능과 실행력, 자선의 결합은 스위프트의 투어를 음악적 이벤트 그 이상으로 격상시켰다. 「디 에라스 투어」는 희망과 친절의 상징이 되었다.

스위프트의 콘서트는 홍보 효과를 극대화하기 위해 소셜 미디어, 보도자료, 미디어 출연 등 다양한 경로로 발표된다. 모든 메시지는 스위프트의 손길이 느껴지는 진정성을 담는 데에 초점을 맞춘다.

모든 콘서트의 핵심은 아티스트의 공연이다. 거기에 관객이 원하는 바를 예리하게 포착하는 감각이 더해져야 전형적인 음악회를 넘어설 수 있다. 스위프트는 정교하게 설계된 시각 효과와 정확한 안무, 그리고 곡 사이의 유쾌한 농담과 대화까지 모든 요소가 세심하게 다듬어진 무대로 몰입감 높은 하나의 종합 예술 작품을 만들고 있다.

✦ 예술성과 상업성의 외줄타기

모든 아티스트는 진정성 있는 표현을 하고 싶다는 갈망과 상업적으로 성공해야 한다는 가혹한 요구 사이에서 기로에 서곤 한다. 세계적인 스타로 발돋움한 스위프트도 이러한 도전을 겪었고, 상충되는 요구에 응답했다. 미묘한 균형을 맞추는 것은 결코 쉬운 일이 아니다. 스위프트는 예술적 지평을 계속 넓히면서도 핵심 팬들을 소외시키지 않는다. 예술적 진정성과 대중의 기대 모두를 이해하는 능력은 그를 천재 예술가를 넘어서는 강력한 브랜드로 만들었다.

활동 초기 스위프트는 사랑과 상처를 노래한 진정성 있는 컨트리 음악으로 세상을 매료시켰다. 많은 노래들이 스위프트가 직접 쓴 곡이었다. 그의 음악은 진정성과 날것 그대로의 진심이 담겨 수백만 팬들의 마음을 빠르게 사로잡았다. 그러나 음악 산업의 큰손들은 그 이상을 요구했다. 더 대중적인 매력, 더 많은 팬, 더 큰 수익을 기대했다. 음악 산업의 현실은 냉혹하다. 재능만으로는 충분하지 않고 시장성까지 갖춰야만 한다.

스위프트도 많은 창조적 영혼들과 비슷한 여정을 거쳤다. 언론과 대중의 관심이 쏟아지면서 기대와 부담도 함께 커졌다. 이제 스위프트는 음악의 가사, 코드, 공연의 예술성뿐 아니라, 이사회와 재무제표도 고려해야 했다. 예술적 진정성을 유지하면서 상업적 성공을 이뤄내야 하는 외줄타기다. 그는 본질을 희석시키는 대신 증폭시켜 팬층에 다가갔다. 역동적으로 변화하는 음악 산업에 대응만 해서는 불가능한 일이다. 스위프트는 전에 없었던 새로운 흐름을 만들어 불가능해 보였던 균형점을 찾아냈다.

컨트리 발라드에서도, 다크 팝에서도 그의 진정성은 공명했다. 스위프트의 음악은 강력한 스토리텔링을 기반으로 삼는다. 그렇기 때문에 어떤 장르로 변신해도 자신의 이야기를 한다는 핵심은 사라지지 않는다. 대중은 그의 이야기를 신뢰하고 사랑했다.

스위프트는 한 때 '돈 때문에 변절했다'거나 '자신의 뿌리인 컨트리를 버렸다'는 비판을 받았다. 스위프트는 정직한 소통으로 난관을 헤쳐나갔다. 팬들과 직접 소통하며 진솔한 태도로 자신의 생각을 명확하게 밝혔다. 자신이 하고 싶은 이야기를 하고 싶은 방식으로 하겠다는 근본적인 철학이 흔들리지 않으면서, 팬들의 우려도 불식할 수 있었다.

스위프트는 적응과 진화가 진정성과 공존할 수 있음을 실천했다. 많은 사람들이 스위프트의 엄청난 글로벌 유명세와 상업적 성공에 감탄한다. 그러나 그의 진정한 도전은 자신의 본질을 희석하지 않으면서 새로운 차원으로 나아간 데에 있다.

"내 평판에 대해 한마디 하지.
내 이름에 먹칠할 수 있는 건 나밖에 없어."

- 「But Daddy I Love Him」 가사 중에서

16

새로운 시대의 서막 :
The Tortured Poets Department
- 한국어 특별판

「디 에라스 투어」가 20년 가까이 차지해 온 차트 1위 기록을 축하하는 스위프트의 승리의 축제라면, 2024년 4월 발표한 정규 11 번째 앨범 『더 토처드 포잇츠 디파트먼트The Tortured Poets Department, 이하 TTPD』1는 그의 세계 지배가 아직 끝나지 않았음을 선언하는 작 품이다. 스위프트는 『TTPD』를 통해 개인적인 성찰을 예술로 승화 시키는 능력을 보여주며, 팝 음악의 전형적인 경계를 넘어서는 독창

---

1   고통받는 시인들의 부서로 번역할 수 있으며, 예술적 고뇌와 깊은 감정을 탐구하
     는 부서 또는 프로젝트를 의미한다. '토처드 포잇츠(Tortured Poets)'는 역사적으로
     감성적이고 심리적으로 복잡한 내면을 가진 시인들을 지칭하며, 이들은 고뇌를
     예술적 표현으로 승화시켜 위대한 작품을 남기곤 했다.

적인 작품을 선보인다.

　스위프트는 2024년 2월 「디 에라스 투어」 공연 중, 『TTPD』를 구상하게 된 계기를 밝혔다. 그는 이 아이디어가 2022년 10집 『미드나이츠』를 음반사에 보낸 직후 떠올랐다고 설명했다. 그 이후 그는 공개적인 결별과 새로운 연애 등 개인적인 격변의 시간을 겪었으며, 이 모든 경험을 음악에 담아내며 작곡을 치유의 과정으로 삼았다. 앨범 수록곡은 이러한 개인적이고 예술적인 성찰에서 비롯되었으며, 깊이 있는 개인적 경험과 강렬한 보편적인 요소를 동시에 담은 작품으로 완성되었다.

　『TTPD』는 스위프트가 내면의 투쟁과 도전 정신을 여과 없이 표현한 앨범이다. 특히 스위프트는 자신을 비판했던 이들을 직접 겨냥하며, 개인적인 시련을 강력한 가사로 표현했다. "지금 당장 말해 줄게/ 차라리 내 인생 전체를 불태워 버리겠어/ 이 모든 욕설과 불평을 1초라도 더 들을 바에야"라고 노래하며 대중의 인식에 대한 좌절감을 드러내고, "내 평판에 대해 한마디 하지/ 내 이름에 먹칠할 수 있는 건 나밖에 없어/ 공감의 탈을 쓴 독사들에게 잡아먹히지 않겠어"라며 자신의 정체성에 대한 자율성을 주장하고 비판자들의 거짓 동정을 거부한다.[2]

　이 곡의 브릿지에서는 "신이시여, 재단하기를 일삼는 이 끔찍

　　「But Daddy I Love Him」의 가사 중 일부. 대중과 주변인들이 자신의 연애사에 간섭하는 것에 대한 스트레스와 피로감을 호소한 곡이다.

한 놈들을 구원하소서/ 나의 행복을 바란다고 말하면서/ 성스러운 독백을 연기하는 그들을 볼 일 없을 테니까"라며, 자신의 안위를 걱정하는 척 위선을 떠는 사람들을 비판한다. 그는 그들의 의견이 자신의 감정에 영향을 미치지 않는다고 단호히 선언한다. "그가 나를 만질 때/ 내 심장 박동이 바뀔 수 있다고 생각하며/ 우리의 끌림을 역행하고/ 운명을 되돌릴 수 있다고 생각해" 곡의 마지막에는 스캔들의 양면성을 반영한다. 스위프트는 스캔들이 자존심을 건드릴 수는 있어도 연인들을 가깝게 만들어주기도 한다며 대중의 간섭과 개인적 관계 사이에서 일어나는 복잡한 상호 작용을 설명한다. 이 서사적 전개는 스위프트의 가사가 지닌 깊이뿐 아니라 개인적인 역경을 보편적인 회복력과 자율성의 메시지로 전환시키는 능력을 보여준다.

2024년 4월 19일에 발매된 이 앨범은 31곡이 수록되어[3] 팬들이 예상했던 것보다 훨씬 많은 곡 수로 두 배의 놀라움을 안겼다. 이 대담한 시도는 스위프트의 예술적 경계를 재정의했을 뿐 아니라, 음악 업계의 전형적인 발매 전략에도 도전장을 내밀었다. 스위프트는 발매 전 스포티파이 카운트다운을 활용하여 팬들에게 미리 알리면서 기록적인 주목을 받았다. 또 신비롭고 흥미로운 암호화된 영상과 가사 티저를 통해 미스터리와 흥분을 자아냈으며, 전 세계 팬들

---

3   스위프트는 원래 보너스 트랙 4개를 포함해 총 20곡을 발표했으나 2시간 뒤 사실 더블 앨범이었다며 15곡을 추가로 깜짝 공개했다. 스위프트는 "이토록 간절한 마음으로 곡을 쓴 적은 없었다. 이 앨범은 반드시 만들어야만 했다"고 말했다.

의 마음을 사로잡았다.

『TTPD』 앨범은 발매되자마자 스트리밍 기록4을 깨뜨리고 판매 차트를 휩쓸었다. 서로 다른 보너스 트랙이 담긴 4가지 버전의 LP 에디션은 신속하게 매진되었으며, 스위프트 팬들의 강한 유대감과 충성도를 눈으로 보여주었다. 비평가들은 이 앨범의 깊이 있는 가사와 정교한 제작에 찬사를 보냈으며, 프로듀서인 잭 안토노프, 애런 데스너와의 완벽한 협업이 새로운 수준의 예술적 성숙을 보여줬다고 평가했다.

스위프트는 『TTPD』에서 역사적이며 개인적 서사를 깊이 있는 성찰과 세밀한 감정으로 엮어내며, 그의 뛰어난 노래 창작 역량을 유감없이 발휘했다. 특히 「Clara Bow」5라는 곡에서는 자신과 무성 영화 시대의 상징적 배우인 클라라 보우를 흥미롭게 연결하며, 자신이 스타가 되어가는 여정을 말하고 있다. 클라라 보우는 최초의 '잇 걸It Girl'로 잘 알려져 있는 인물이다. 스위프트는 이 곡의 가사를 통해 작은 마을에서 뉴욕 맨해튼의 화려한 조명 아래로 오게 된 예기치 못한 성공의 과정을 되돌아본다. 이어서 그는 또 다른 개척자이자 성공의 길에서 회의적인 시선을 받았던 여성 싱어송라이터 스

---

4 앨범 발매 당일 3억 건의 스트리밍을 기록하며, 스포티파이 역사상 하루 최다 스트리밍 횟수를 기록했다.

5 스위프트가 엔터테인먼트 분야에서 직접 경험한 것을 녹여낸 곡. 자신을 추켜세워주는 척하며 우리보다 앞서서 위대한 일을 해낸 여성 아티스트들을 깎아내리는 음반사 관계자들의 모습을 담았다.

티비 닉스Stevie Nicks와 자신을 비교하며 성찰하는 대화를 이어간다.

곡은 "조명 아래에서 보니 네가 테일러 스위프트처럼 보여/ 너는 그녀에게는 없던 매력이 있어/ 우리는 그 모습이 정말 좋아/ 미래는 밝고, 눈부실 거야"라는 강력한 가사로 정체성과 자기 인식을 드러내며 끝을 맺는다. 이 부분은 언젠가 업계 관계자들이 뮤지션이 되고 싶어하는 소녀들을 앞에 두고 자신을 비하할지도 모른다는 암시를 담은 것이다. 이 서사적 가사는 스위프트의 예술적 성숙을 강조하는 동시에, 개인적 경험을 역사와 문화적 서사로 연결시키는 능력을 잘 보여준다. 그의 음악은 듣는 이들에게 깊은 공감을 주며 다층적 의미를 가지게 된다.

가장 눈에 띄는 곡은 포스트 말론Post Malone이 피처링한 「Fortnight」다. 이 곡은 스포티파이 역사상 일일 최다 스트리밍 기록을 경신하며, 앨범의 영향력을 입증했다. 이 트랙은 앨범의 다른 곡들처럼 섬세한 가사와 혁신적인 사운드스케이프로 듣는 이들에게 깊은 인상을 남기며 호평을 받았다.

『TTPD』는 상업적 성공과 비평가들의 찬사를 넘어, 예술 창작에 있어 개인의 역경이 어떤 역할을 할 수 있는가에 관한 담론에 불을 지폈다. 스위프트는 개인적 시련을 솔직하게 표현하여 이를 매력적인 서사로 승화시켰고, 이는 그를 음악 산업의 거장으로 굳건히 자리매김하게 했다. 무엇보다 음악이 가진 정서적 힘이 얼마나 강렬한지를 일깨워 주었다. 이 앨범은 그의 회복력을 상징하는 등대와 같으며, 내적 고독에서 승리의 선언에 이르기까지의 서사적 여정이다.

앨범 발매 후 열린 콘서트에서 스위프트는 『TTPD』는 단순한 노래 모음집이 아니라 끊임없는 진화와 예술적 진정성을 추구해 온 자신의 음악 여정에서 중요한 이정표라고 말했다. 매 공연마다 스위프트는 자신의 창작물에 대한 신념을 반복적으로 강조했고, 팬들과의 유대감은 더 깊어져 갔다.

테일러 스위프트의 음악과 비즈니스 분야에서의 여정을 보면, 그의 시대가 쉽게 끝나지 않을 것임을 예상할 수 있다. 각 프로젝트를 통해 그는 음악 천재로서의 위상을 공고히 할 뿐만 아니라, 전략적인 결정들로 산업의 판도를 계속해서 바꾸어 나가는 영리한 사업가로서도 자리매김하고 있다. 『TTPD』의 성공은 예술적 가치뿐 아니라 획기적인 상업적 성과로도 평가되고 있다.

파트너십을 구축하고, 디지털 플랫폼을 탐색하며, 상품 및 콘서트 경험으로 혁신을 이끄는 과정에서 스위프트는 음악 산업의 변화에 단순히 적응하는 것이 아니라, 오히려 그 변화를 주도하고 있다. 스위프트는 음악적 창의성과 비즈니스 감각을 결합하여 지속적인 영향력을 발휘한다. 그의 예술성과 비즈니스 전략의 결합은 현시대의 아티스트가 무엇을 의미하는지를 재정의하고 있다.

"저에게 FEARLESS는 '두려움을 갖는 것'입니다.
'의심을 갖는 것'이죠. 당신을 죽도록 무섭게 하는 것들이
있음에도 불구하고 살아가는 거예요."

– 2집『피어리스』앨범 소개글에서

맺음말

취약성으로 만들어지는
강력한 공감의 커뮤니티

    무대의 조명이 어두워지고 공연이 시작되면, 테일러 스위프트의 퍼포먼스는 눈에 보이는 것 이상으로 펼쳐진다. 그의 감미로운 멜로디와 매력적인 가사 뒤에는 기업 세계가 주목해야 할 전략적 교훈이 숨겨져 있다.

    스위프트는 현상 그 자체이며, 강력한 브랜드다. 그의 모든 방송 출연, 트윗, 뮤직 비디오, 그리고 협업은 이 브랜드를 창조하는 데 기여한다. 기업의 거대한 세계에서 브랜드 정체성은 매우 중요하다. 브랜드는 단순히 눈길을 끄는 로고나 기억에 남는 슬로건이 아니다. 브랜드는 기업의 가치, 신념, 그리고 이해관계자들에게 약속한 것들을 포괄하는 개념이다.

세상은 스위프트가 사랑받는 컨트리 가수에서 팝 스타로, 그리고 인디 음악의 영감을 받은 선구자로 변모하는 과정을 지켜보았다. 이는 단순한 음악적 진화가 아니라, 전략적 재창조다. 기업들이 끊임없이 변화하는 시장 역학에 적응하기 위해 방향을 조정하는 것처럼, 스위프트의 변화 역시 동시대성의 중요성을 강조한다. 변화에 대응할 때와 이를 주도할 때를 알아채는 능력은 산업을 초월하여 모두에게 필요한 기술이다.

이러한 진화는 철저히 대중에 대한 깊이 있는 이해를 바탕으로 이루어진다. 일방적인 소통의 시대는 끝났다. 오늘날 중요한 것은 대화를 나누는 것이다. 이는 상호 존중과 이해를 바탕으로 함께 추는 참여의 춤과 같다. 기업 환경에서는 이것이 소비자 관계로 이어지며, 제품과 서비스가 지속적으로 변화하는 시장의 요구와 일치하도록 보장하는 것을 의미한다.

하지만 아무리 빛나는 이야기라도 그 이면에는 어두운 그림자가 있기 마련이다. 최고의 순간으로 가득 찬 스위프트의 여정에도 논란이 없었던 것은 아니다. 그러나 여기에서 또 다른 교훈을 얻을 수 있다. 중요한 것은 직면한 도전이 아니라, 그 어려움을 얼마나 우아하게 헤쳐나가느냐다. 성공을 증폭시키는 것만이 홍보가 아니라, 폭풍을 관리하는 것도 홍보의 중요한 부분이다. 스위프트가 서사를 이끌며, 혼란 속에서도 침착함을 유지하는 능력은 위기 관리에 대한 귀중한 교훈을 제공한다. 능동적이고, 투명하며, 결단력 있게 대처하여 잠재적인 좌절을 더 깊은 연결과 유대의 기회로 삼는 것이 중요하다.

스위프트의 화려한 이력에서 배울 점을 찾아보자는 것은 팝스타를 우상화하자는 이야기가 아니다. 탁월한 전략을 통해 보편적으로 적용될 수 있는 원칙과 교훈을 추출하려는 것이다. 분야는 다를 수 있지만 브랜드 구축, 재창조, 고객 참여, 그리고 위기 관리의 원칙은 변하지 않고 동일하게 적용된다. 핵심 메시지는 올바른 전략을 세운다면 어떤 분야에서든 변화의 흐름을 따라갈 수 있을 뿐 아니라 변화를 주도할 수 있다는 것이다.

스위프트의 전략에서 교훈을 얻는다면 창업을 꿈꾸는 미래의 기업가들은 성공으로 가는 직관적인 길을 찾을 수 있을 것이다. 이 길은 전통적이지도, 진부하지도 않으며 놀랍도록 직관적이다. 그의 여정은 자신만의 독특한 개성을 받아들이고, 이를 예술과 상업의 영역에서 현명하게 활용하는 것의 중요성을 강조한다.

많은 사람들은 스위프트의 여정을 마치 선택받은 소수만이 누릴 수 있는 마법 같은 일이라고 해석하고 싶을지도 모른다. 그러나 이는 지나치게 단순한 접근이다. 스위프트가 세계적인 스타덤에 오를 수 있었던 것은 천부적인 음악적 재능뿐만 아니라, 날카로운 전략적 통찰력 덕분이었다.

많은 사람들이 주목하지 않는 부분은 바로 스토리텔링의 기술이다. 테일러 스위프트는 활동 내내 탁월한 이야기꾼이었다. 그의 노래는 한 세대의 경험을 반영하는 서사로 가득 차 있다. 그러나 스토리텔링은 음악 영역에만 국한된 것이 아니다. 비즈니스 세계에서도 스토리텔링은 매우 중요한 요소다. 기업가, 브랜드, 그리고 기업들은 음악가들처럼 공감을 불러일으키고, 연결을 형성하고 유대를 강화하며, 행동을 유도하는 이야기를 끊임없이 만들어내야 한다. 출시하는 모든 제품, 실시하는 모든 캠페인, 그리고 공유하는 모든 콘텐츠는 더 큰 이야기를 구성하는 한 부분이다.

스위프트를 진정으로 돋보이게 하는 것은 이야기를 전달하는 방식이다. 매진된 콘서트부터 독점적 팬 세션, 실물 앨범에서 디지털 스트리밍에 이르기까지, 스위프트는 끊임없이 변화하는 음악 산업의 복잡한 미로를 능숙하게 헤쳐나간다. 획일적인 접근 방식으로는 더 이상 통하지 않는다. 제안을 다양화하고, 여러 시장 영역을 공략하며, 새로운 소통 방식을 탐색하는 데 주의를 기울여야 하는 시대다. 고객에게 다가가 그들의 언어로 말하고, 그들이 소중히 여기는 방식으로 가치를 전달해야 한다.

스위프트는 기민함agility의 본질적 중요성을 이해하고 있다. 음악 산업은 비즈니스 세계와 마찬가지로 예측할 수 없는 상황으로 가득 차 있다. 새로운 경쟁자가 등장하고, 유행은 바뀌며, 기술 발전은 경쟁 구도를 재정의한다. 스위프트가 이러한 변화에 유연하게 대처하고, 예측하며 반응하는 능력은 역동성에 관한 중요한 교훈을 제공한다.

스위프트의 여정에서 주목해야 할 또 다른 부분은 협업의 역할이다. 다른 아티스트와의 듀엣이나 브랜드와의 파트너십을 통해, 스위프트는 영향력을 확장하고 새로운 팬들에게 자신을 소개하고 브랜드의 힘을 강화해 왔다. 서로 연결된 글로벌 경제에서 고립된 방식silo은 비효율적이다. 기업가들은 파트너십과 제휴, 협업의 힘을 인식해야 한다. 중요한 것은 시너지를 발견하고, 목표를 조율하며, 함께 길을 개척해 모두의 역량과 성과를 증대시키는 것이다.

역설적일 수 있지만, 스위프트의 여정이 주는 교훈 중 하나는 취약성vulnerability에 관한 것이다. 그는 완벽함이 공감되지 않는다는 사실을 여러 번 입증했다. 발표한 곡에서 개인적 좌절을 드러내거나 실수를 인정할 때, 스위프트의 솔직함은 수천만 팬들의 지지를 받았다. 전형적인 '천하무적'의 겉모습을 만들 필요는 없다. 중요한 것은 진정성, 겸손, 그리고 계속 배우고 성장하려는 의지다.

그는 음악 산업에 국한되지 않고, 비즈니스 세계에 오랫동안 큰 영향을 미치고 있다. 스위프트의 여정은 음악을 기반으로 하지만, 성공과 혁신, 그리고 회복력의 근본 원칙과 깊이 연결되어 있다. 이 책에서 논의된 음악과 비즈니스의 융합은 단순한 이론적 탐구를 넘어, 다양한 전문 분야가 어떻게 서로 연결되는지를 그리고 있다. 자신의 길을 개척하려는 기업가들에게 스위프트의 사례는 '명확한 비전, 전략적 적응력, 그리고 창의적 혁신'을 통해 예술과 상업의 세계가 자연스럽게 융합될 수 있음을 보여주는 강력한 본보기가 될 것이다.

"우리가 옮긴 모든 산들이여, 영원하라. 너희와 함께 용에 맞서 싸운 것은 내 인생 최고의 시간이었어."

— Taylor Swift, 「Long Live」[1]

---

1   팬, 밴드, 프로듀서, 스위프트의 여정을 위해 도움을 준 모든 이들을 위한 헌정곡
이다.

감사의 말

집필하는 동안 운이 좋게도 훌륭한 분들을 통해 영감을 얻고 지지를 받을 수 있었습니다.

먼저 브라이언 밀러 작가에게 깊은 감사 인사를 전하고 싶습니다. 밀러 작가는 항상 저를 응원하며, 마치 닻과 같은 존재로서 저를 지지해 주었습니다. 그가 보여준 뛰어난 작가로서의 역량은 제가 놓칠 뻔한 길을 밝혀주고, 전혀 상상하지 못했던 방식으로 복잡한 주제를 탐구하고 이해하게 해주었습니다.

소중한 우정을 보여준 오드리 캄피고토에게도 감사의 인사를 전합니다. 또, 클리프 허비 박사, 애런 레너드, 에르네스토 릭비, 수잔 베르샤즈 님에게도 감사드립니다. 이 분들의 지혜와 통찰력은 이 책의 내용에 큰 영향을 미쳤습니다. 공유해 주신 인사이트는 각각의 장에 고스란히 녹아들어 있습니다.

케시, 마일스, 코니, 빌, 브랜디, 러스, 엠마, 윌, 웨이드, 도라, 존, 엘라, 마이클 스몰맨, 팀 도노반, 톰 블랑카토, 리치 틴달, 숀 월터스, 지미 팔라조, 매트 엘라, 마틴 반 뷰렌, 톰 발세비치, 팀 스티븐슨은 이 책의 집필에 직접적인 역할을 하진 않았지만, 제 인생과 작가로서의 경력에 상당한 영향을 끼친 분들입니다. 지면을 빌어 감사를 전합니다.

또, 지지와 격려로 저의 여정에 초석이 된 앤디 왓슨, 앤디 멜라, 스콧 디커스, 노마 벨라, 케이트, 데이비드, 산드라, 데이브, 타보르, 노에미 저스티노, 리즈 그린버그, 모리타 몬다나로, 존 몬다나로, 에밀리 게발트, 미셸, 키시, 록산, 마리우스, 마이클 거버, 잭 핸디에게도 진심으로 감사드립니다.

저와 함께 길을 걸어주신 모든 분께 감사드립니다. 이 책은 여러분들의 지지와 지도, 믿음의 결과물입니다. 혹시 여러분의 이름이 여기에 없더라도 제가 마음속으로는 다 감사하고 있다는 점, 그리고 다음에는 꼭 지면을 통해 감사 인사를 드리겠다는 점을 약속드립니다. (압니다. 지난 번 책에서도 같은 약속을 했었죠. 읽어 보셨는지 모르겠지만!)

역자 참고 자료

Telegraph, Taylor Swift: the 19-year-old country music star conquering America - and now Britain, 2009. 4. 26.

Time, Person of the Year 2023 Taylor Swift, 2023. 12. 6.

Time, Taylor Swift Shares Her Eras Tour Workout and Self-Care Regimen, 2023. 12. 6.

Billboard, Taylor Swift Accepts Songwriter-Artist of the Decade Honor at Nashville Songwriter Awards: Read Her Full Speech, 2022. 9. 21.

New York University, NYU's 2022 Commencement Speaker Taylor Swift, 2022. 5. 18.

Songwriter Universe, Taylor Swift Talks About Her Album, Red, And Co-Writing with Max Martin, Shellback and Liz Rose, 2012. 11. 20.

Wall Street Journal, For Taylor Swift, the Future of Music Is a Love Story, 2014. 7. 7.

Los Angeles Times, How does Taylor Swift connect with fans? 'Secret sessions' and media blitzes, 2014. 10. 28.

Youtube, Taylor Swift, 1989 Secret Sessions, Behind the Scenes!, 2014. 10. 17.

Google Search, "1989 (Taylor's Version)" Vault Titles Come to Search, 2023. 9. 19.

Wall Street Journal, How to succeed in business like Taylor Swift, 2023. 7. 1.

New York Times, How Taylor Swift's Eras Tour Conquered the World, 2023. 8. 5.

Youtube, Taylor Swift, Taylor Swift's Gift Giving of 2014 | SWIFTMAS, 2015. 1. 1.

Walking Desaster, How I got invited to loft 89, 2015. 6. 23., https://
tokeeptaylorsane.tumblr.com/post/122207113852/how-i-got-invited-to-
loft-89-okay-so-after

Teen Vogue, Taylor Swift Stars In Keds' Feminist Fall Campaign, 2015. 7. 25.

Front Office Sports, Viewership Records and Crying Swifties: Taylor Swift
and the NFL's Budding Business Relationship, 2024. 1. 26.

AXIOS, The Taylor Swift Economy is now a high school curriculum, 2024.
2. 6.

CNN, Thanks to Taylor Swift, ads aimed at women are taking the Super
Bowl by storm, 2024. 2. 7.

Wall Street Journal, How Travis Kelce manifested the best year of his life,
2023. 11. 20.

Wall Street Journal, How to succeed in business like Taylor Swift, 2023. 7. 1.

Billboard, 7 Key Stats Proving That Taylor Swift's First Two 'Taylor's
Version' Re-Recordings Have Been Dominant, 2023. 7. 6.

BBC코리아, '테일러 스위프트 매니아'가 전 세계에 갖는 의미는?, 2024. 2. 14.

Billboard, Taylor Swift on Winning Album of the Year at the 2016
Grammys: There Will Be People Who Try to 'Take Credit' for Your
'Fame', 2016. 2. 15.

CBS, Taylor Swift awarded $1 in groping trial, 2017. 8. 14.

Washington Post, Taylor Swift explains her blunt testimony during her
sexual assault trial, 2017. 12. 6.

TIME, TIME Person of the Year 2017: The Silence Breakers, 2017. 12. 6.

CNN, Here's why Taylor Swift is on Time magazine's Person of the Year
cover, 2017. 12. 6.

BAZAAR, What Does Taylor Swift Smell Like? A Deep Dive Into Her
Fragrance Eras, 2024. 2. 9.

Yorkshire Evening Post, National Fragrance Day: How many Taylor Swift
perfumes are there – from Wonderstruck to Enchanted, 2023. 3. 22.

테일러 스위프트 연보

1989년   12월 13일 펜실베이니아주 레딩에서 출생

2000년   컨트리 음악의 성지인 내슈빌의 음반사를 찾아다니며 자작곡 데모를 돌렸으나 모두 거절당함

2001년   기타를 배우기 시작

2002년   음반사 쇼케이스에서 연주한 후 계약을 맺음

2003년   스위프트의 음악 활동을 위해 가족이 내슈빌 근처 헨더슨빌로 이주, 데뷔 앨범이 미뤄지자 음반사 계약 해지

2004년   내슈빌에서 작곡과 작사를 배움

2005년   제작자 스콧 보르체타를 만나 독립 음반사 빅머신 레코드와 계약

2006년   데뷔 앨범 『테일러 스위프트』 발매, 빌보드 앨범 차트 5위에 오름

2007년   내슈빌 작곡가 협회 선정 올해의 작곡가·아티스트상 최연소 수상, 아카데미 오브 컨트리 뮤직 어워드 선정 최고 신인 여성 보컬리스트상 수상

2008년   2집 『피어리스』 발매, 빌보드 앨범 차트 1위 기록

2009년   첫 투어 「피어리스 투어」로 북미 순회 공연

            그래미 어워드 최연소 올해의 앨범상 수상

            빌보드 올해의 아티스트 선정

            MTV 비디오 뮤직 어워드 최우수 여성 비디오상 수상(칸예 웨스트 난입 사건 발생)

2010년   전곡을 단독 작사, 작곡한 3집 『스피크 나우』 발매, 빌보드 앨범 차트 1위 기록

2011년   역대 최연소로 빌보드 올해의 여성 수상

            「스피크 나우 월드 투어」

2012년   맥스 마틴 등 새로운 프로듀서와 협업한 4집 『레드』로 팝과 록 등 다양한 장르 시도, 빌보드 앨범 차트 1위

2013년   「레드 투어」

2014년   뉴욕으로 이주해 첫 공식 팝 앨범인 5집 『1989』 발매, 팬들을 집으로 초대해 음악을 들려주는 '시크릿 세션' 시작

빌보드 최초로 올해의 여성 두 번째 수상

7월 『월스트리트저널』에 칼럼 「For Taylor Swift, the Future of Music is a Love Story」 게재

2015년 「1989 월드 투어」

6월 21일 애플뮤직의 저작권료 지불 정책을 비판하는 공개 서한 작성, 애플은 정책 철회

2016년 『1989』로 그래미 올해의 앨범상 수상, 올해의 앨범상을 두 번 수상한 최초의 여성 아티스트로 기록

칸예 웨스트의 신곡 가사를 둘러싼 논란으로 여론의 비난에 휩싸임

2017년 8월 2013년에 발생한 데이비드 뮬러의 성추행 사건에 대한 손해배상 소송 승소

6집 『레퓨테이션』 발매, 빌보드 앨범 차트 1위 기록

2018년 「레퓨테이션 투어」

유니버설 뮤직 산하 리퍼블릭 레코드로 이적, 음반의 마스터 권리를 스위프트가 모두 보유하는 계약 체결

2019년 7집 『러버』 발매, 빌보드 앨범 차트 1위

11월 빅머신, 스쿠터 브라운과 음반 마스터 권리를 둘러싼 분쟁 발생

2020년 1월 넷플릭스 다큐멘터리 「미스 아메리카나」 공개

7월과 12월, 인디포크, 얼터너티브 록 장르를 담은 8집 『포크로어』와 9집 『에버모어』 발매, 두 음반 모두 빌보드 앨범 차트 1위 기록

11월부터 『피어리스』, 『레드』, 『스피크 나우』, 『1989』 재녹음 시작

2021년 『포크로어』로 그래미 올해의 앨범 수상, 올해의 앨범상을 세 번 수상한 최초의 여성으로 기록

2022년 뉴욕대 명예박사 학위를 수여받고 졸업식 연설

10집 『미드나이츠』 발매, 빌보드 앨범 차트 1위 기록

2023년 모든 앨범을 돌아보는 「디 에라스 투어」 시작, 투어 지역의 경제를 부흥시키는 스위프트노믹스 현상으로 주목받음

2024년 『미드나이츠』로 역대 최다인 네 번째 그래미 올해의 앨범상 수상

11집 『더 토처드 포잇츠 디파트먼트』 발매, 역대 최다인 31곡이 수록된 앨범으로 빌보드 싱글 차트 상위 14위 석권

'2024 포브스 세계 억만장자'에 오름

제국의 설계자 - 테일러 스위프트의 비즈니스 레슨
크리스토퍼 마이클 우드 지음 · 플랫폼 9와 3/4 옮김

초판 1쇄 발행 2024년 11월 4일
초판 2쇄 발행 2024년 11월 18일

발행, 편집 파이퍼 프레스
디자인 위앤드

파이퍼
서울시 마포구 신촌로2길 19, 3층
전화 070-7500-6563
이메일 team@piper.so

논픽션 플랫폼 파이퍼
piper.so

ISBN 979-11-94278-03-0 03320